天皇家の常識

●松﨑敏彌監修

新人物文庫

本書は『別冊歴史読本』「事典がのせない天皇家の常識疑問」
（二〇〇三年二月刊）をもとに新編集しました。

天皇家の常識 目次

一般常識 9

現代 87

古代 147

奈良 189

戦国・江戸　267

幕末・近代　295

監修者

松﨑敏彌（まつざき・としや）

一九三八年東京都に生まれる。週刊誌「女性自身」皇室担当を経て現在、皇室ジャーナリストとして活躍。著書『ナルちゃん憲法』『美智子さまから雅子さまへ』『日本人なら知っておきたい皇室』など。

執筆者（五十音順）

池永二郎（いけなが・じろう）

一九二八年東京都に生まれる。元法政大学第二高等学校、國學院大學、法政大学講師。著書『日本中世史像の形成』など。一九九三年逝去。

井上満郎（いのうえ・みつお）

一九四〇年京都府に生まれる。京都産業大学教授・京都市歴史資料館館長。著書『桓武天皇』『古代の日本と渡来人』『平安京の風景』など。

加藤　蕙（かとう・けい）

一九二九年栃木県に生まれる。紀行・歴史作家。日本ペンクラブ会員。著書『古代天皇家物語』『神話のふるさと』『古塔巡礼』『日本古代史の旅』など。

高橋紀比古（たかはし・のりひこ）

一九四三年東京都に生まれる。歴史家、日本ペンクラブ・日本旅のペンクラブ会員。著書『疑惑の日本史』『金森六代記』『福沢家小史』など。一九九二年逝去。

伊達宗克（だて・むねかつ）

一九二八年愛媛県に生まれる。元NHK解説委員、中京女子大学教授・同コミュニケーション研究所所長。著書『裁判記録・三島由紀夫事件』『天皇の外交』『日本の勲章』『放送記者』『素顔の天皇』など。一九八八年逝去。

中川　收（なかがわ・おさむ）

一九三五年北海道に生まれる。北海道薬科大学名誉教授。著書『奈良朝政争史』『奈良朝政治史の研究』など。

西原和海（にしはら・かずみ）

一九四二年中国哈爾濱に生まれる。文芸評論家、満州国史研究家。編著『夢野久作全集』『満州国の文化』『古川賢一郎全詩集』など。

前之園亮一（まえのその・りょういち）

一九四七年鹿児島県に生まれる。共立女子短期大学教授。著書『研究史古代の姓』『古代王朝交替説批判』、共著『古代天皇のすべて』『聖徳太子のすべて』など。

一般常識

加藤　蕙
（10～45ページ）

伊達宗克
（46～87ページ）

一般常識

『三種の神器』が天皇の象徴とされるのは？

「三種の神器」は皇位のしるしとして相伝される三種の宝物で、践祚《せんそ》とともに授受される。三種の宝物とは天照大神が親授したという八咫鏡《やたのかがみ》・八坂瓊勾玉《やさかにのまがたま》・天叢雲剣《あめのむらくものつるぎ》の三宝をさす。『日本書紀』では三種でなく二種で、八咫鏡と草薙剣を宝物としている。

「大伴金村大連《おおむらじ》乃《すなわ》ち跪《ひざまず》きて天子の鏡《かがみ》剣《みはかし》の霊符《みしるし》を上りて再拝みたてまつる」（「継体紀」）

というのが二種説の論拠である。しかし、同じ『日本書紀』に、

「則ち磯津《しつ》山の賢木《さかき》を抜《こじ》りて、上枝《ほつえ》には八握剣《やつかつるぎ》を掛《とりか》け、中枝には八咫鏡を掛け、下枝には八尺瓊《やさかに》を掛け、亦素幡《しらはた》を船舳《ふなのへ》に樹《た》て、参向《まい》きて啓《まを》して曰く、願はくは兵をな下《つかは》しそ」（「景行紀」）とある。これは神夏磯媛《かむなつしひめ》が天皇の使者に帰服した時の記述である。つまり、神器は始原的には三種であったといえる。

この三種の神器が天皇の位のしるしとなったのは七世紀頃のことと考えられる。

そして「三種の神器」という名称が生まれたのは中世になってからのことらしい。それまでは「三種宝物」などといっていた。

ところで「三種の神器」は、呪力を秘めた呪具と意識されている。剣は神霊の鎮座を象徴し、鏡は太陽神の来臨を意味する。そして勾玉は月神を象徴している。

つまり、三種の神器を継承することによって、天皇は神聖体となり、太陽神のように顕事を統治し、月神のように幽事を統治することができるとされたのである。顕事は陸の統治権を、幽事は海の統治権を意味していることはいうまでもない。践祚と同時に「三種の神器」を授受することは、とりもなおさず天皇が皇祖神と同体になり、日本を統治する権限を有したことを意味するのである。

『神皇正統記』は鏡を正直、玉を慈悲、剣を知恵の本源といい、この三徳をあわせもつ人君でなければ天下は治まらないと論じている。

明治天皇即位式

一般常識

歴代天皇のうち最長命・最短命の天皇は？

『日本書紀』「神代紀」によると、天孫瓊瓊杵尊《ににぎのみこと》は磐長《いわなが》姫の容貌が醜いというので召さずに返した。大いに慙《は》じた姫は「天孫《あめみま》妾《やつこ》を斥けたまはで御《め》さましかば、生めらむ児永寿《みこいのちながきこと》磐石之常在《ときはかなき》の如《あまい》ならまし」と呪詛《じゅそ》をかけた、ゆえに天皇たちの御命は短いという。

それにもかかわらず、どういうわけか古代天皇は超長寿が多い。神武天皇百二十七歳（百三十七歳）、孝昭天皇は百十四歳、孝安天皇百三十七歳、孝霊天皇百二十八歳、孝元天皇百十六歳、開化天皇百十一歳、崇神天皇百十九歳（百六十八歳）、垂仁天皇百四十歳（百五十三歳）、景行天皇百四十三歳、成務天皇百七歳（百九歳）、神《じん》功《ぐう》皇后百歳、応神天皇百十一歳（百三十歳）、仁徳天皇百十歳（括弧内は『古事記』に拠る）。

この長寿を信用する人はまずないであろうが、記紀の編纂者の苦心のほどがうかがえて興味深い。

これらおぼろなる天皇を別とすると、昭和天皇の八十八歳が最も長く、ついで後水尾天皇の八十五歳が長い。この天皇は精力も強かったらしく、中宮以下六人の女性に三十三人の子を生ませている。この三十三人の子の中から、明正、後光明、後《ご》西《さい》、霊元の四天皇が出ている。ついで陽成天皇の八十二歳が長い。九歳で即位し、十七歳で退位。院としての年月が長いのがかえって痛ましい。清和源氏の祖である。

140歳まで生きたと伝える垂仁天皇陵（奈良市）

七十歳以上の長寿を保たれた天皇は次の通りである。霊元天皇七十九歳、正親町《おおぎまち》天皇七十七歳、白河天皇七十四歳、後亀山天皇七十五歳、明正天皇七十四歳、光仁天皇七十三歳、桓武天皇七十歳、光格天皇七十歳。

最も短命であったのは安徳天皇の八歳である。壇ノ浦で非業の死をとげられたことは痛ましい限りである。四条天皇は十二歳、六条天皇は十三歳で夭死されている。仲恭天皇の十七歳も若すぎる。

一般常識

歴代天皇のうち皇后から生まれた天皇は何人？

幕末の儒者大沢雅五郎は、「今万乗《ばんじょう》の尊を以て御閫門の間、恐れながら匹夫《ひっぷ》に均しき御姿にて実にもったいなき御事」と嘆いている。万乗の尊（孝明天皇）の閫門（後宮）がまずしいというのである。中国の故事「天子に三夫人、九嬪、二十七世婦、八十一御妻」を引いての慨嘆《がいたん》であるから、少々大袈裟である。

しかし、『禁裏女房一件』なる文書によると、幕末当時の禁裏女房は、典侍《てんじ》五人、掌侍《しょうじ》四人、命婦《みょうぶ》、女蔵人《くろうど》六人が定員とある。都合によって典侍は六人まで増員できた。ところで孝明天皇の身近には十七人の女性がいた。それで大沢は中国にならって三夫人以下八十一妻とまではいわないが、とにかく妃嬪《きひん》を増やすべきであると主張したのであろう。

天皇には皇胤を伝えなければならないという一種の義務みたいなものがあった。これは徳川将軍も同じで、正妻というべき皇后（御台所）のほかに多くの妃嬪をおいた。景行天皇には二人の皇后、八人の皇妃、そのほか多数の嬪がいた。そして八十人の子を儲けている。ともあれ、皇后は皇族、五摂家の中から選ばれ、その生んだ皇子は皇位継承の最右翼であった。こういう継承順位を物語るのが古代の天皇たちである。歴史の明らかな欽明天皇以前は、清寧《せいねい》・顕宗《けんそう》・仁賢《にんけん》・継体・安閑・宣化の各天皇を除くと、あとは皇后の子として生まれている。しかし、欽明天皇以後になると、皇后を母としない天皇が多くなる。

　皇后を母として生まれた天皇には欽明・敏《び》達《だつ》・天智・天武・元正・孝謙・平城《へいぜい》・嵯峨・仁《にん》明《みょう》・冷泉・円融《えんゆう》・近衛・四条・亀山・後宇多の各天皇十五人がいる。中宮を母とする天皇は朱雀・村上・後一条・後朱雀・堀河・崇徳・後白河・安徳・仲恭・後深草・明正の各天皇十一人。中世以降、とくに近世では皇后を母とする天皇は激減している。そのため、多くの妃嬪が必要とされたのであろう。

皇后から生まれた敏達天皇陵（大阪府太子町）

一般常識

歴代天皇のうち在位が最短・最長の天皇は？

順徳天皇の皇子懐成《かねなり》親王は、承久三年（一二二一）四月二十日、父天皇の譲位によって践祚した。ほどなく承久の乱が起きたので、親王は閑院の内裏から摂政九条道家の邸に難を逃れたが、やがて幕府によって廃位させられた。在位（承久三年四月二十日〜七月九日）わずか七十余日で、即位式も大嘗祭《おおなめさい》も行われなかったので、「半帝」とか「九条廃帝」と称され、歴代から除かれていた。

しかし、明治三年（一八七〇）七月、明治天皇は追謚《ついし》して仲恭《ちゅうきょう》天皇とし、歴代に加えた。同じく天智天皇の御子大友皇子も在位八ヵ月（天智十年〜弘文元年＝六七一〜七二）が認められ、弘文天皇と謚号《しごう》された。

追謚された天皇を別とすると、安閑天皇・用明天皇の二年が短いし、冷泉天皇の三年に満たない在位も短い。物怪《もののけ》に悩まされていると噂された冷泉天皇は、即位早々、いつ退位されるかと取沙汰された。そして噂どおりに安和の変（九六九年）後、退位した。

花山天皇も在位三年である。永観二年（九八四）八月二十七日、花山天皇は円融天皇の譲位のあとを受けて即位した。十七歳であった。最愛の女御忯子《しし》の死を悲しむあまり、藤原兼家の罠にかかって退位した。そのとき十九歳であった。

在位わずか８ヵ月だった弘文天皇陵（滋賀県大津市）

神器の授受がなくて践祚した光厳天皇の在位（元弘元年～正慶二年＝一三三一～一三三三）も短い。北条氏に擁立されて即位した天皇は、その滅亡によって退位した。

最長の在位は、神話の中の孝安天皇（百一年）、垂仁天皇（九十九年）、仁徳天皇（八十六年）、孝昭天皇（八十三年）、神武天皇（七十五年）を除くと、昭和天皇の六十三年が最も長い。ついで明治天皇の四十六年、光格天皇の三十七年、後花園・後土御門天皇の三十六年、推古天皇の三十五年、醍醐天皇の三十四年、後奈良天皇の三十二年が長い。もっとも、白河上皇（法皇）のように、退位後も四十年にわたって政権を握っていた天皇もいる。

一般常識

歴代天皇のうち皇子・皇女が最も多い天皇は？

『古事記』によると、景行《けいこう》天皇には名が伝えられている皇子が二十一人、伝えられていないのが五十九人、合わせて八十人あったという。このなかには倭建命《やまとたけるのみこと》（景行天皇の皇子）の曾孫を娶って儲けたという皇子が入っているからあまりあてにならない。約六十年在位して百四十三歳の長寿を保ったとしても、子どもの曾孫を娶るわけにはいかないし、まして皇子が儲けられるはずがない。実在性の薄い天皇であるから、伝承が混乱しすぎているようである。

こういう神話中の天皇を別とすると、嵯峨《さが》天皇の五十人が多い。妃嬪は二十八人以上いたらしい。ついで光孝天皇の四十五人。これら皇子・皇女の多くは生母未詳となっている。身分の低い女性に興味をもたれた結果であろうか。醍醐天皇の三十八人がこれに次ぐ。妃嬪は十五人以上いたという。亀山天皇には皇后、中宮のほかに二十人近い妃嬪がおり、三十六人の皇子・皇女を儲けている。これら御子の母も未詳が多い。桓武天皇には皇后のほかに、夫人四人、女御四人、別に十六人の妃嬪

80人の子を儲けた景行天皇陵(奈良県桜井市)

がいて、三十五人の皇子・皇女を儲けている。後水尾《ごみずのお》天皇の三十三人も多いほうであろう。中宮以下六人の妃嬪がいた。皇子・皇女の数と比較して妃嬪が少ないのは、多産系の女性がそろっていたのであろうか。

霊元天皇は中宮以下の妃嬪に三十二人の皇子・皇女を生ませている。このほかにも二十人台の皇子・皇女を儲けた天皇は多い。

皇室が栄えているときは妃嬪の数が多く、したがって多くの皇子・皇女が生まれたといえるが、後水尾天皇のように、皇室が疲弊しているにもかかわらず、多くの皇子・皇女を儲けた天皇もいるから一概にそうとはいえない。いずれにせよ、皇統は妃嬪によって支えられてきたといえそうである。

一般常識

最初の元号が「大化」となったのは？

皇極天皇四年（六四五）六月、蘇我入鹿は大極殿で殺され、父蝦夷は自邸に火を放って自刃した。そのとき、『天皇記』『国記』その他の重宝珍宝が焼失した。

蘇我氏滅亡の翌日、皇極天皇は退位し、弟の軽皇子が皇位についた。孝徳天皇である。中大兄皇子は皇太子として才腕をふるう。左大臣には阿部内麻呂、右大臣には蘇我倉山田石川麻呂が任じられた。中臣連鎌子（鎌足）は内臣となった。また国《くにつ》博士《はかせ》には沙門旻法師《のりのしみん》と高内　史玄理《たかむこうのふひとくろまろ》が登用された。唐に留学し、その制度に通じていたところを買われたのであろう。

このあと天皇は群臣らを大槻《おおつき》の樹下に集め、天神地祇に盟《ちかい》を立てた。そして君臣協力して公明正大な政治を行うことを約した。

「今より以後、君に二政無く、臣に二朝無けん。若し此の盟にそむかば、天災地妖、鬼誅人伐、皎として日月の如けん」

盟約のあと、天皇は皇極四年を改めて大化元年とした。これからは世の中が大きく変わるであろうということを国民に表示したのである。これがわが国の年号のはじまりといわれる。

もっとも推古天皇の時代、聖徳太子の周辺で「法興」という私年号が用いられていた。この年号は法隆寺金堂の釈迦三尊像の光背銘に現存しているが、正史といわれる『日本書紀』には見えない。したがって「大化」が国家の制度として立てた年号のはじまりといえよう。

蘇我入鹿暗殺の図（『多武峰縁起』）

「日本」という国号が初めてあらわれたのも孝徳天皇の時代という。元年七月、高句麗の使者が来朝したとき、「明神《あらみかみと》御宇《あめのしたしらす》日本《やまとの》天皇《すめらみこと》」の名で詔を賜ったと伝えられる。もし、これが事実ならば天皇が現人神であることを示したはじめといえるし、「日本」という国名を使ったはじまりといえる。大化改新によって意気があがった新政府にとって、「倭《やまと（わ）》」はあまりにも小さすぎたのかもしれない。

一般常識

「大化」のあと、元号の断絶が生じたのは？

大化六年（六五〇）二月、宍戸《あなと》（長門）の国司草壁連醜経《しこふ》が白雉《しろきぎす》を献上した。天皇は「聖王世に出で、天下を治むるの時、天、即ちこれに応へて其の祥瑞《しょうずい》を示す」と詔し、大化という年号を白雉に改めた。これよりあと、瑞祥があるごとに改元するようになった。いわゆる瑞祥改元《ずいしょうかいげん》のはじまりである。白雉は孝徳天皇崩御の六五四年で終わっている。

次の斉明天皇（皇極重祚）は年号は立てず、天智天皇も年号は立てなかった。瑞祥がなかったのかもしれないし、年号というものがまだ定着しなかったのかもしれない。その後、天武天皇十五年（六八六）七月、大倭国から赤雉が献上されたので、それを瑞祥として朱鳥《しゅちょう》という年号をたてた。『続日本紀』はこれをアカミトリと訓じている。この年号は『続日本紀』では一年で終わっているが、『万葉集』などは八年まで続いたとしている。

しかし、普通、持統天皇は年号を立てなかったとされている。次の文武《もんむ》天皇の五年（七〇一）三月、対馬国から金の貢進があった。それで、その月の二十一日、大宝という年号を立てた。大宝とはいうまでもなく金のことで、その貢進は大いなる瑞祥とされたのである。

この大宝以来、今日まで年号は断絶することなく用いられている。もちろん、改元は瑞祥だけでなく、崩御、即位、政変、災異の時などにも行われた。大化より平成までの年号数は、源平時代の元暦と、北朝のものを加えると二百四十八になる。

大化から白雉と改元した孝徳天皇陵
（大阪府太子町）

ところで、わが国の年号の始まりは大宝であるとの見解がある。大化・白雉などの年号が実際に行われていたかどうか、疑問がもたれているからである。これらに比べると、大宝には律令の制定などでわかるように実効性がある。しかし、対馬の産金は偽りであったことがわかり、大宝四年（七〇四）五月、瑞雲があらわれたというので慶雲と改めている。

一般常識

歴代天皇のうち最も多く改元を行った天皇は？

改元とは元号を改めることで、天皇の即位、遷都、吉凶、瑞兆、天変地異、悪疫流行の時など、気分を一新するために行われた。この元号を定めて公布する権限は天皇が持っていたが、のち封建時代になると、武家政権である幕府が関与し、将軍宣下《せんげ》の時などにも改元した。

たとえば徳川幕府は家光の将軍宣下の翌年、元和から寛永に改元し、家綱の時も慶安から承応に改めている。とにかく大化から平成までには、二百四十六回の改元があったということになる。

後花園天皇は永享元年（一四二九）十二月二十七日に即位し、在位は三十六年におよんだ、その間、嘉吉、文安、宝徳、享徳、康正、長禄、寛正と一代で八回も改元している。践祚《せんそ》の年の正長を入れれば九回となる。四年に一回の割で改元したことになる。まず即位して正長から永享になり、兵乱で永享から嘉吉と改めた。そして嘉吉三年（一四四三）、賊が禁中に押し入って放火し、その際、神璽・宝剣を奪われたので文安となった。文安五年（一四四九）足利義政の将軍宣下で宝徳となり、宝徳三年（一四五一）南都一揆などがあって享徳と改め、享徳四年（一四五五）兵乱があり、康正と改元した。康正三年（一四五七）も関東争乱のため長禄となった。しかし争乱は鎮まらず、長禄四年（一四六〇）十二月、寛正と改めた。そして寛正六年（一四六五）十二月、後土御門天皇が即位して文正となった。

足利義政。将軍宣下で宝徳と改元された

後花園天皇についで改元の多かったのは孝明天皇の時である。幕末の動乱期であったので、弘化・嘉永・安政・万延・文久・元治・慶応と七回も改めている。

後土御門天皇も（寛正）文正・応仁・文明・長享・延徳・明応の七回である。天皇、将軍といった支配者の権威を誇示するためとはいえ、たび重なる改元は異常としかいいようがない。

一般常識

京部御所に「右近の橘」「左近の桜」があるのは？

紫宸殿の前庭、南階の右に「右近の橘《たちばな》」があり、左方の「左近の桜」と対している。この地は秦河勝《はたのかわかつ》の故地で、橘はそのころからあったらしく、天徳年間（九五七～六一）まで現存していたという。その後、御所炎上などでしばしば植えかえられ、里内裏《だいり》のときにも植えられた。

橘は古くからトキジクノカグノコノミといわれ、その葉は四季を通じて生い茂っているので、長寿瑞祥の樹として賞《め》でられた。

古代、殿上で儀式があるとき、この橘のほうに右近衛府の陣が敷かれたので、右《う》近陣《こんのじん》の名称が生まれ、橘も「右近の橘」と呼ばれるようになった。「左近の桜」も左近の陣に因むもので、南殿の桜ともいう。もとは梅樹であった。奈良時代は中国に心酔していたので、桜よりもむしろ梅に重きが置かれた。

百敷《ももしき》の　大宮人《おおみやびと》は　いとまあれや
梅をかざして　ここに集《つど》へる

平安時代になると、桜が好まれるようになり、歌人も、

百敷の　大宮人は　いとまあれや
桜がさして　今日も暮らしつ
（『万葉集』）

と詠った。

さて、御所の梅は承和年間（八三四〜四八）に枯死したので、仁明天皇が改めて桜樹を植えさせた。この桜樹は貞観年間（八五九〜七七）に枯れた。しかし、その根から生じた芽を培養したので、再び枝葉が繁るようになった。ところがこの桜樹は天徳三年（九五九）の内裏炎上のとき焼失した。

その後、内裏造営のとき、重明親王邸内の吉野桜を移植した。

それからもたびたび焼け、堀河天皇の時代（一〇八七〜一一〇七）に植えたのが最後といわれる。ともあれ、「右近の橘」と相対する瑞祥の樹として名高い。

紫宸殿と左近の桜（京都市上京区）

一般常識

歴代天皇のうち最年長・最年少で即位した天皇は？

即位とは天皇が位につくことで、古代では践祚と即位は同時であった。養老神祇令では神器を受ける践祚と、これを天神・神祇に告げる即位とに分けて規定している。そして践祚には受禅践祚と崩後践祚の二つがあった。受禅践祚は先帝の譲位・受禅をもって即位し即日践祚すること、崩後践祚は先帝の崩後に位につくことで、諒闇《りょうあん》があったので日を隔てて行われた。

平安時代になると、践祚と即位は分離され、践祚は神器伝承をともなう皇位継承の儀式となった。即位は大極殿で、百司万民に告げる儀式で、盛大壮厳に行われた。治承元年（一一七七）、内裏が焼失してからは、大極殿が再造営されなかったので、太政官正庁、紫宸殿で行われた。

さて、最高齢で即位した天皇には景行天皇がいる。何と八十四歳であった。そして約六十年在位したという。おぼろなる天皇なので、現実性はない。継体天皇の五十八歳、綏靖《すいぜい》天皇の五十二歳、崇神《すじん》天皇の五十二歳も神話の中の出来事か。

これに比べると、斉明天皇・光仁天皇の六十二歳、孝徳天皇の四十九歳、元明天皇の四十六歳、桓武天皇の四十五歳は現実味がある。いずれも当時の騒然たる政情をふまえての践祚であり、即位であった。今上天皇も五十五歳での即位だから年長の部類に入る。

孝徳天皇は皇極女帝のあとを継いだのであるが、中大兄皇子の傀儡《かいらい》であった。この皇子は孝徳天皇の皇太子となって才腕をふるう。中大兄皇子が皇位を継いで天智天皇になったのは四十三歳の時であった。

六条天皇の父二条天皇

最年少は六条天皇の二歳であろうか。父二条天皇が病気で譲位したので即位した。そして五歳で退位、十三歳で崩御した。四歳のとき憲仁親王が皇太子になった。七歳であったから、天皇より年上の皇太子ということになる。

四条天皇も二歳で即位した。悲劇の安徳天皇は三歳で即位し、八歳で短い生涯を終えている。後深草天皇の四歳も若い。

一般常識

武家が天皇制を廃止しなかったのは？

鎌倉に幕府を開いた源頼朝は、朝廷を中心とする旧勢力との摩擦を極力避け、急激な変革もできるだけ押さえた。既成の秩序・機構を解体するよりは、これを活用したほうが得策と考えたのである。しかし、守護・地頭を設置するなどして、朝廷を制圧、時には人事に干渉、発言している。

源氏滅亡のあと、幕府の実権を握った北条氏も朝廷を利用し、懐柔策として皇族や貴族の子弟を将軍の地位につけている。しかし、承久の乱でみられるように幕府に抗すれば天皇といえども処断した。

足利尊氏が開いた室町幕府は、当初こそ朝廷と一線を画したが、次第に公家化し、末期には威令が行われなくなり、将軍義輝《よしてる》は家臣に殺害されている。義輝の弟義昭《よしあき》は幕府再興を目論むが、結局は織田信長ら武家に利用されただけであった。当時の武将たちにとっては、足利将軍家も天皇家と同じように、利用できるうちはうまく活用されたのである。

織田信長は義昭に価値がなくなると、あっさりと見捨て、朝廷をかつぎはじめる。京都に入った信長は御所を復旧し、多額の金子を献上している。戦局を有利に導いて、将来の基礎を築くための投資といえそうである。

豊臣秀吉も、一応は朝廷を立てている。肩書きがほしかったのであろう。そのために近衛《このえ》前久《さきひさ》の養子になろうとしているくらいである。秀吉は気前よく朝廷に大盤振舞いをしているが、尊皇というわけではない。秀吉にとって朝廷は一種の飾り物でしかなかった。

朝廷と一線を画した足利尊氏

徳川家康も皇室に献金している。しかし、幕府の覇権のもとに皇室をおき、その間に明確な一線を画していた。「禁中並公家諸法度」を制定し、朝廷の政治介入を禁じている。「天子諸芸のこと。第一御学問なり」というわけである。二代秀忠は娘和子《まさこ》を入内《じゅだい》させることによって、皇室に血の楔《くさび》を打ちこんだ。

一般常識

天皇に「姓」がないのは？

記紀によれば、天皇家の祖は高天原《たかあまがはら》から日向国高千穂《たかちほ》に降臨した、いわゆる天孫である。この天孫とともに天降《あもり》した神々は、漸次、神格を失い天皇の臣下となる。これらの人々はその出自により神別・皇別・諸蕃の三体に分けられた。
「天神地祇の冑《ちゅう》、これを神別と謂う。天皇皇子の派、これを皇別と謂う。大漢三韓の旅、これを諸蕃《しょばん》と謂う」（『新撰姓氏録』）。

皇別はいうまでもなく、神武天皇以来の皇族の別れである。神別は天神系（神武東遷以前に、九州方面から畿内に移住した氏族）、地祇系（畿内にもとから土着していた氏族）の氏族である。蕃別《ばんべつ》は新来の帰化系氏族である。

これら氏族は朝廷より臣《おみ》・連《むらじ》・直《あたい》・首《おびと》・造《みやつこ》などの姓《かばね》を賜わった。臣は主として皇胤より出た皇別に、連は神裔より出た神別に、直は朝廷に服属した地方豪族に、首は地方の中小豪族に、造は朝廷の品部《ともべ》の管理者に与えられた。朝廷の中心である天皇は、臣下に姓を与える立場にあり、氏姓の上に君臨していた。したがって、ことさら氏姓を必要としなかったのである。ただ、キミとかオオキミといえばそれで通じたのである。

ところで、同宗（族）集団である氏《うじ》がいつごろ成立したかは、はっきりしない。おそらくは他の集団と区別するため、必然的に生まれたと思われる。いうまでもなく、これら同宗集団を統合して統一国家とした首長が天皇である。神の子である天皇は、すべてを超越したところに存在しているのである。

そして天皇の御名には「仁」の字をつけたものが多い。

御名に最初に「仁」の字を使った清和天皇

五十六代の清和《せいわ》天皇が惟仁《これひと》とされたのが先例となり、以来、現在の天皇まで、七十代のうち四十九代までが「仁」の字を付している。仁とは儒教の根本理念で、一切のものに親しみ、いつくしむ心で、キミの義もある。ともあれ百代の後小松天皇以来は、明正・後桜町天皇の二女帝を除くと、いずれも「〇仁」と、仁の字を付している。

一般常識

泉涌寺が天皇家の菩提寺になったのは？

御寺《みてら》と呼ばれる泉涌寺《せんにゅうじ》は、天長年間（八二四〜三四）に空海が造立した法輪寺にはじまる。のち、斉衡三年（八五六）左大臣藤原緒嗣《おつぐ》が修復し、仙遊寺と改めた。

「文徳帝の御宇斉衡三年に、左大臣緒嗣公再建あって天台宗となし、仙遊寺と号す。此山に仙人遊びしゆえなり」（『都名所図会』）。

中興開山は俊芿《しゅんじょう》我禅《がぜん》。俊芿は渡宋して天台・真言・禅・律の四宗を兼修した僧で、帰国後、戒律の復興と仏教の弘法につとめた。

建保六年（一二一八）、大和守の中原信房は自領の月輪《つきのわ》の宅地を寄進し、堂宇を修造した。かくて仙遊寺に入った俊芿は、境内に清泉が涌いているところから泉涌寺と改めた。

俊芿に帰依する人は多かった。とくに後鳥羽上皇・土御門上皇・順徳天皇など皇室の崇敬は篤かった。嘉禄三年（一二二七）、俊芿は入寂した。六十二歳であった。

その後の仁治三年（一二四二）正月、四条天皇が崩御。遺言によって俊芿廟近くに陵が造営された。以来、皇室との関係が深くなった。

「天子の官寺となる事は、八十六代（現在は八十八代）四条院を権輿とせり。此帝降誕の時我禅我禅と宣へり、俊芿和尚再生して天子の位に昇り、四条院と出誕し給ふよし、人の夢に見えけるとぞ。是より以来代々の帝当山へ葬り奉る」（『都名所図会』）。

こういう由縁から、後光厳天皇から九代の天皇、後水尾天皇から孝明天皇までの歴代天皇・皇后・皇族の廟が山内に造営され、そのため、泉涌寺は皇室の菩提所に定められた。

域内の歴代山陵は月輪陵（四条・後水尾・明正・後光明・後西・霊元・東山・中御門・桜町・桃園・後桜町・後桃園の十二陵、中宮・皇太后の諸陵）、後月輪陵（光格・仁孝の陵と六皇妃、三親王の墓）、後月輪東山陵（孝明陵）、後月輪東北陵（英照皇太后陵）のおよそ、四区に分かれている。

泉涌寺月輪陵（京都市東山区）

一般常識

天皇の成年が十八歳とされているのは？

皇室制度を定めた基本法に「皇室典範」がある。「大日本帝国憲法」と同時に制定されたもので、皇位継承践祚即位・成年立后・立太子・摂政・皇族・皇族会議など十二条から成る。この「皇室典範」は第二次大戦後、廃止された。しかし、昭和二十一年（一九四六）、新憲法公布とともに、議会の議決による一般の法律として現行「皇室典範」が制定された。これは皇位継承・摂政・皇族・皇族会議など五章三十七条から成っている。成年式など天皇家の通過儀礼はこれによって規定されている。旧「皇室典範」と現行「皇室典範」は形式の点ではそれほどの差はないが、それでも現行のはかなり民主的になっている。

さて、成年式。古来の元服に由来する通過儀礼で、皇子が成年に達したことを示す。旧「皇室典範」では、天皇・皇太子・皇太孫の成年は満十八歳、その他の皇族は満二十歳と定められていた。天皇・皇太子・皇太孫の成年が他の皇族より早いのは、早く公務につかれてもいいように考慮されているからである。現行の「皇室典範」もこれを踏襲している。

成年式の前身というべき元服の年齢は、時代・階級によって多少の変化があるが、平安時代初期は十二歳から十六歳までが普通であった。宮廷では十二歳を佳例としていたようである。また、元服期は同時に結婚期、あるいは婚約期であった。明治天皇は十五歳で践祚し、十七歳で即位、皇后を迎えている。また、即位に先だって元服の儀が行われる。

現皇太子殿下の成年式「加冠の儀」（昭和55年２月23日）

大正天皇は皇太子時代の明治三十年（一八九七）八月三十一日に成年を迎え、貴族院議席に列せられている。昭和天皇は旧令によって大正八年（一九一九）五月七日、賢所《かしこどころ》大前で成年式を挙げている。また、今上天皇は貞明皇后の諒闇《りょうあん》で延期され、十九歳の昭和二十七年一月十日、立太子礼に先立ち、仮宮殿で成年式を挙げている。

一般常識

皇祖を祀る伊勢神宮に天皇が参拝しなかったのは？

明治二年（一八六九）三月十二日、明治天皇が伊勢神宮に親拝した。天皇としては史上初めての参拝である。外宮参拝後、天皇は食事をとり、午《うま》の上刻（午前十一時頃）発輦《はつれん》した。

「下刻宇治内宮文殿着御、御浴アリ。未刻、内宮、御参拝儀皆前ノ如シ。午下刻、再ビ文殿へ遷御、以テ行在トス。内宮へ御幣物、黄金二枚、絹十匹、真綿十把外宮へ同前」（『太政官日誌』）。

天皇家の祖神を祀る伊勢神宮に、歴代の天皇はなぜ参拝しなかったのであろうか。記紀によると、景行天皇・天武天皇・持統天皇などは伊勢・紀伊国に行幸しているにもかかわらず親拝していない。

「紀伊国に幸して群神祇を祭祀《いわひまつ》らむとトふるに、吉からず。乃車駕《みゆき》止みぬ。屋主《やぬし》忍男武雄心命《おしおたけおこころのみこと》を遣して祭らしめたもふ。爰《ここ》に屋主忍男武雄心命詣して阿備柏原《あびのかしはら》に居て神祇を祭祀る」（「景行紀」）。

伊勢神宮を参拝される昭和天皇

後朱雀・後白河・後醍醐の各天皇も参拝の宿願があったが、先例がないという理由で取り止めになっている。それにしても祖神を祀る伊勢神宮に、祭祀する天皇が一度も参拝しないというのはどこか不自然である。それについては、宮中の賢所《かしこどころ》が神宮と一体であるからとか、斎王や勅使が遣わされていたとか、さまざまの理由が考えられているが、はっきりしたことは分からない。

もしかすると、伊勢神宮が皇室の氏神であるということ自体に問題があるのかもしれない。いずれにしても明治天皇の親拝があってから神宮と天皇の関係が密になったことはたしかである。それまでは「お伊勢まいり」と庶民に親しまれてきた神宮であったが、明治天皇の親拝があってからは聖域へと変わっていく。ともあれ、明治天皇は四度、大正天皇が一度、昭和天皇は崩御までに十度も参拝している。

一般常識

天皇家の紋章に「菊花」が使われるのは？

中国の影響を受けて、日本でも菊花は四君子の一つとして、古くから愛好されてきた。とくに日本では菊花を「花貴種」といい、「百草王」と称し、花卉《かき》の中で最も高貴なものとされた。それで平安時代ごろから菊の文様が生まれ、盛んに使われた。

鎌倉時代も菊の文様は好まれ、とりわけ後鳥羽上皇の愛着は強く、衣服、車輿《しゃよ》はもちろん、刀剣、懐紙などにまでこの文様を用いた。その後の後深草、亀山天皇や後宇多天皇も後鳥羽上皇の先例を追ったので、菊花文様はほとんど皇室専用のものとなり、ついに紋章になった。それまで菊花を用いていた臣下も次第に遠慮して用いなくなった。しかし菊花紋使用についての規定はなかったらしい。

江戸の末期、戊辰の役が起こると、朝廷は征討軍に十六菊の錦旗を下賜した。十六菊が皇室の紋章と確定したのは、この時点らしい。ついで明治四年（一八七一）、「太政官布告」で皇室・皇族以外の菊花紋使用を禁止し、これと前後して、官幣、国幣社社殿の装飾・社頭幕・提燈などには菊花紋の使用を許可した。また、由緒ある社寺も伺いを出せば、検討の上、使用が認められた。

さらに「太政官布告」は、十六弁八重菊は皇室、皇族はそれ以外の菊と規定した。「十六葉の分は相ならず、十四五以下、或は裏菊等品をかへ御紋にまぎれざるようにすべき旨」（「太政官布告」第八〇二号）。

しかし、規定はあいまいであったので、混乱を生じた。それで明治二十二年九月宮内省達は菊花中心の円の直径と、菊花の大きさの割合を三対三十八と図示した。

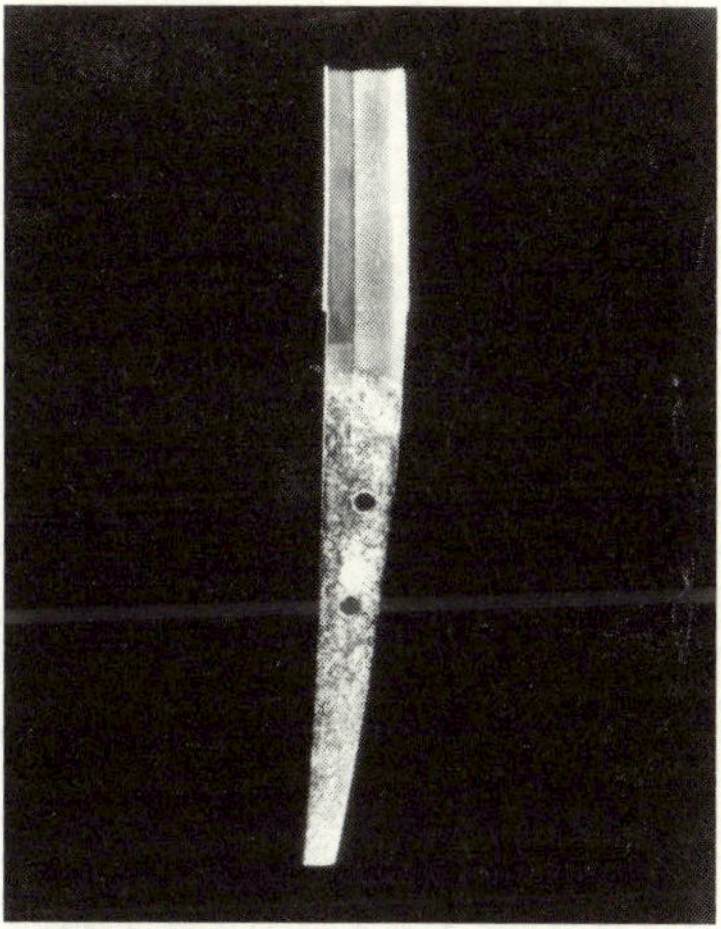

後鳥羽上皇自作の菊御作御太刀

大正十五年（一九二六）十月、「皇室儀制令」によって、天皇・太皇太后・皇太后・皇后・皇太子・皇太子妃・皇太孫・皇太孫妃は十六葉八重菊表菊形と図示され、皇族の紋章も厳密に規定された。「皇室儀制令」は昭和二十二年（一九四七）五月に廃されたが、菊花紋は意匠登録の上、保護されている。

一般常識

明治時代につくられた金貨に「龍」の模様があるのは？

『史記』の「高祖本紀」によると、漢の高祖劉邦《りゅうほう》は、龍のような威厳のある顔をしていたという。以来、天子の顔を龍顔《りょうがん》と尊称するようになり、日本でも中国にならって、天皇を龍にたとえるようになり、龍徳《りゅうとく》・袞龍《こんりゅう》・龍駕《りょうが》というように使った。

ところで逆鱗《げきりん》という言葉がある。辞典に「天子の怒り」と見える。『韓非子』の「説難篇」によると、龍ののどの下には、ちょっとばかりの逆《さか》さ鱗《うろこ》があり、人間がこれに触れると、大変怒り、人を殺すという。天子もまた龍のように逆鱗があるから、天子の側近く仕えるものは用心しなければならないというのである。

龍はいうまでもなく想像上の動物である。蛇に似た身体に、四本の足、二本の角と髭《ひげ》をもち、池・沼・海の中に棲み、空に昇っては雲を起こし、雨を降らせると伝えられる。中国では目出たい動物とされ、神力があるというので龍力不思議の名がある。『法華経』は「龍王の雨を降らすは身より出さず、心より出さず、積集あることなし、而して不見にあらず、ただ龍王の心分力を以ての故に霈然洪霪《はいぜんこういん》天下に周遍す」と説く。

ともあれ、中国では鱗があるのを蛟龍《こうりゅう》、翼があるのを応龍、角がある虬龍《こうりゅう》、角がないのを螭龍《りりゅう》、まだ昇天しないのを蟠龍《ばんりゅう》と名づけている。また、善龍と悪龍があり、善龍は仏法を信ずる人を護り、甘露《かんろ》の雨を降らして五穀を実らせるといわれている。偉大なる王が龍にたとえられるのは当然といえようか。

さて、明治新政府は明治三年（一八七〇）、金銀貨を新鋳したが、このとき、欧米諸国にならって天皇の肖像を刻むことになっていた。しかし、それではあまりにも恐れ多いという意見があり、急遽、龍の模様でこれに替えた。以来、昭和十五年（一九四〇）の切手（教育勅語渙発五〇周年記念）の遠景として天皇が登場するまでは、天皇の肖像が貨幣や切手に使われることはなかった。

漢の高祖劉邦

一般常識

大正天皇のあと、「一夫一婦」となったのは？

明治初年の進歩的ジャーナリスト久津見蕨村《くつみけっそん》は『妾』と題する論文を発表し、各国の例を引いて蓄妾制度の不合理、非文明的さを痛烈に批判した。法文の中から醜悪な〈妾〉の字を削除すべきであるというのである。もちろん、皇室も例外ではないという論旨であったから、猛反論が続出した。

皇室が妃嬪《きひん》を置くのは、皇孫が絶えないようにするためのものというのが反論の要旨である。そこで蕨村はまたも「賤妾をもって子孫をえんとする。子孫の蕃殖のみを欲して子孫の幸福を計らざるは禽獣と何ぞ選ばん」と批判する。

ところで明治天皇には十五人の皇子・皇女がいた。このうち十人は夭死している。これら皇子・皇女はいずれも妃嬪の産んだものである。近代になっても、宮廷には厳として後宮の制が存在していたのである。この存続を合理化するため、反対論者は根拠を皇統連綿に求めたのである。

明治二十六年（一八九三）、皇太子（大正天皇）は学習院初等科を修了した。その後、どのように教育するかが問題になった。諮問機関はいろいろと論議し、検討を加えた。ドイツ公使青木周蔵はこれまでの漢籍重視を改めるべきであるとして、『左伝』の一例を引いた。つまり、『左伝』には天子は諸后妃十二人等をそなえなければならないとあるが、これが先例となるのは、世界の情勢に合わないと主張した。

これに対して東宮御用掛りをつとめた湯本武比古は、キリスト教を信奉する国にも、「創世記」などを見れば、神々はいずれも多くの妻をもっていたではないか、と反駁《はんばく》した。

大正天皇

ともあれ、諸外国の手前、一夫多妻の存続は政府としても一考しなければならなかったのである。といって、明治天皇の皇子・皇女の中で、皇后を生母とするものがいないというのが現状であった。そこで皇太子（大正天皇）の時代から一夫一婦制をとることにしたのである。

一般常識

宮中の祭儀に「大祭」と「小祭」があるのは？

大祭も小祭も、天皇が拝礼されることに変わりはないが、大祭では天皇自ら祭典をとり行い、お告文《つげぶみ》を読み上げる。これに対して小祭は、天皇の拝礼はあるが、祭典を行うのは掌典長（祭祀を司る役目の長）で、お告文はないという違いがある。

戦前、皇室の祭祀については、明治四十一年（一九〇八）九月十九日に制定された皇室祭祀令で細かく決められていた。総則、大祭、小祭の三章、二十六条と付式二編から成っていた。

それによると、大祭、小祭とも「天皇、皇族及官僚ヲ率ヰテ……」とあったが、戦後は連合軍総司令部の「信教の自由と政教分離」の指示によって、このくだりが削除された。またこれを機に、こうした皇室の祭儀はすべて天皇家の私的行事として取り扱われるようになった。

しかし、春秋の皇霊祭と新嘗祭には、内閣総理大臣、衆・参両院の議長、最高裁判所長官、国務大臣に「任意参列」の案内状が出されている。

大祭は、元始祭（一月三日、皇位の元始と由来を祝し、国家、国民の繁栄を祈る）、春季・秋季皇霊祭（春分と秋分の日、先祖の霊を祭る）、神武天皇祭（四月三日、初代天皇の徳をしのぶ）、神嘗祭《かんなめさい》（十月十七日、この年の新穀を供えて感謝する）、新嘗祭（十一月二十三日、新穀をまず神にすすめ、感謝しながら食する）、昭和天皇祭（一月七日、先帝の命日）など。

小祭は先帝以前の三代の例祭をはじめ、歳旦《さいたん》祭（一月一日）、祈年祭（二月十七日、五穀豊穣と産業の発展を祈る）、天長祭（十二月二十三日、今上天皇誕生日）、貞明皇后例祭（五月十七日）など。

戦前は準大祭というものもあった。皇室や国の大事を伊勢神宮や宮中三殿、神武天皇山陵、先帝の山陵に参拝して報告する祭典を指している。二・二六事件後のご奉告などの例があるが、戦後は、そのときどきに応じて行われている。

このように、時代の移り変わりを反映して形式はやや変化しながらも、中身は伝統を受け継いで揺るがない。

一般常識

新年の宮中祭儀が「四方拝」から始まるのは？

毎年元日の早朝に行われるこの儀式は、天皇がお一人で伊勢神宮をはじめ天神地祇、四方の神々や歴代天皇の山陵を遥拝、国の繁栄と国民の幸福を祈られるところから、四方拝《しほうはい》と呼ばれるようになった。

宮中三殿（賢所《かしこどころ》・皇霊殿・神殿）がある賢所神域内の神嘉殿の南庭に幄舎を設け、すごもを敷き、屏風をめぐらしたなかに御座を設ける。

天皇は御束帯《ごそくたい》黄櫨《こうろ》染御袍《ぜんのごほう》という伝統の衣裳姿でお出ましになり、皇大神宮、豊受大神宮（伊勢神宮の内・外宮）をはじめ四方の天の神、神武天皇などの山陵、氷川《ひかわ》神社、上賀茂・下賀茂両社、石清水八幡宮、熱田《あつた》神宮、鹿島神宮、香取神宮を遥拝、年災を祓い、国家の安泰と五穀豊穣を祈念される。

天皇お一人だけの儀式で、代行はできないし、してはならないことになっている。したがって皇后は出ない。

この儀式がいつごろから始まったのかは、崇神《すじん》天皇、垂仁《すいじん》天皇、宇多《うだ》天皇、皇極《こうぎょく》天皇の時代という諸説に分かれていて、はっきりしない。

しかし、天地四方の神々を拝む儀式は、明治以前の朝廷でも引き継がれており、京都御所の清涼殿《せいりょうでん》の前庭で行われていた。

いかにも年の始めの意義を大きいとする日本人にぴったりの儀式なので、戦前から広く知られている。

この儀式に続いて宮中三殿で行われる歳旦《さいたん》祭では、天皇についで皇太子が黄丹袍《おうにのほう》姿で拝礼される。宮内庁長官ら職員も参列する。

これに比べて四方拝は暁の前庭で、しかも陛下お一人なのが特徴である。時には身を切るような寒さのなか、吐く息も白く、神秘的な感じが強いと伝えられている。

御束帯黄櫨染御袍姿の昭和天皇

一般常識

大嘗祭の斎田に「悠紀」と「主基」の二つがあるのは？

大嘗祭《だいじょうさい》は、即位の礼をあげた天皇が初めて新穀を食するのにあたって、皇祖をはじめ神々に供え、神の恩に謝する祭祀である。新嘗祭とよく似ているが、即位の礼の直後だけなので、一世に一度しかあり得ない。

供えられる米を耕作する「斎田《さいでん》」は、「悠紀《ゆき》」「主基《すき》」の両地方から選ばれる。悠紀殿、主基殿にちなんでおり、京都以東、以北、同以西、以南を指す。

悠紀は〝いはいきよめる〟、主基は〝すすぎきよめる〟意味だという。昭和大礼の場合、滋賀県野洲郡と福岡県早良郡が指定された。

斎田を決めるのは、古来からの亀卜法《きぼくほう》による。亀の甲を波々迦木《ははかぎ》（ミソザクラ、カニハザクラ、カバザクラともいう）に移した斎火で焼き、甲の亀裂によって〝卜定《ぼくてい》〟するという古来からの神秘的な方法である。

地方が決まると、知事がそのなかで斎田を決め、実ったとき斎田抜穂《ぬきほ》の儀を行う。その新穀がお供えにも使われ、白酒、黒酒にも醸造される。

悠紀斎田での田植式

大嘗祭は暮色迫るころから行われ、神門の外に庭火が赤々と燃え、和琴《わごん》の音が流れるなか、神秘的な雰囲気を盛り上げる。

和琴の演奏にのって稲つき歌が流れる。悠紀・主基の両地方の名所を詠み入れて御代を寿《ことほ》ぐ歌である、

生絹の祭服、御幘《おんさく》の御冠姿の天皇が一人だけ進み、外陣に入られ、ついで白色《はくしょく》帛《の》御五《おんいつつ》衣《ぎぬ》、御唐衣《おんからぎぬ》、御裳《おんも》姿の皇后が南庭の帳殿に入る。このとき国栖《くず》の古風《こふう》が奏される。応神天皇（二〇〇～三一〇年）が吉野に御幸のとき、参賀の人が歌を奏して奉祝したという言い伝えに基づく演奏である。

皇后が拝礼ののち戻られ、天皇が内陣に進んで神饌《しんせん》を供え、拝礼して御告文《おつげぶみ》を読み上げ、御飯や御酒を召し上がる。

一般常識

新嘗祭が宮中で最も重い祭儀とされているのは？

「にいなめまつり」「じんじょうさい」とも呼ばれるこの祭は、十一月二十三日午後六時から八時までの「夕の儀」、同十一時から翌日午前一時までの「暁の儀」と繰り返される。

天皇が新穀を召し上がるのにあたって、神嘉殿で皇祖をはじめ神々にお薦《すす》めして神恩を謝する祭儀である。

神嘗祭と似ているが、それが伊勢神宮を中心に行われているのに対して、新嘗祭は宮中でとり行われるのが特徴。最も重い祭典とされているのは、五穀の実りが人々の暮らしを支える大きな柱となっている農耕民族としての、長い伝統があるためであろう。

天皇の服装も純白の祭服、冠も純白でつくった「御幘《おんさく》御冠」を使われる。侍従が壺切御剣と神璽を奉持し、天皇自ら神饌を供える。古来の作法に従い、かなりの時間がかかる。拝礼ののち御告文を奏上し、神々と〝対座〟しながら新穀（米の御飯と粟御飯）、新酒（白酒、黒酒）を召し上がる。この召し上がることを直会《なおらい》と称している。

暁の儀もまったく同じようにしてとり行われる。供えられる新米・新粟は明治二十五年（一八九二）以来、全国の篤農家から粒選《よ》りのものが献穀され、それを炊いたり、酒に造ったりするしきたりが、今もなお続いている。

田植えをされる昭和天皇（昭和３年）

この祭の前日に行われる鎮魂の儀は神秘的な祭祀である。掌典が「御衣振動、糸結の式を行う」ことによって天皇をはじめ皇族の長寿を祈るもので、その次第は秘伝とされている。

新嘗祭が太陽暦の十一月二十三日と決まったのは明治六年だが、起源をさかのぼると『古事記』『日本書紀』の記述にたどりつく。皇室の衰微で中断したときを除いて受け継がれてきた、祭儀の中でも最も古いものである。

一般常識

宮中では元日の朝に屠蘇や雑煮が出ないのは？

元日の朝、一般の家庭では神棚や仏壇に礼拝をすませたあと、家族が揃って年頭のあいさつを交わし、食膳につく。そして、まず屠蘇《とそ》で一年の邪気を払い、おせち料理で祝い酒をたしなみ、雑煮をたべる、というのが平均的パターンになっている。

このような風習は、どちらかといえば宮中あたりから伝わったものではないかと思われがちだが、宮中にはこうした習慣はなく、今では逆に庶民の生活ぶりが宮中に伝わったものもある。

たとえば大晦日。宮殿で節折《よおり》の儀をすまされた陛下は、ノリとネギの薬味で、ふつうの蒸籠《せいろ》に盛った手打ちの年越しソバを召し上がるが、これなどは庶民の生活歳時記を取り入れたもののひとつである。

ところで元旦。四方拝、歳旦祭の儀が終わると、午前八時、宮殿鳳凰の間で「晴の御膳」が行われる。天皇の卓に酒や山海の珍味――エビ、干しサバの平盛、干しタラなどの酒の肴のようなものが盛り上げてあり、天皇は箸をとって盃を口にされる（が、実際には召し上がらない）。

　昔は食されたというが、平安時代以降は形式化し、後醍醐天皇（一三一七〜三六）時代の記録には「天皇が箸をならした」とあるだけで、食されたとは書かれてない。

「晴の御膳」が終わって八時半頃から両陛下は宮殿萩の間で朝食をとられる。本膳は皇室独特の菱葩《ひしはなびら》と鯛の切身ふた切れを重ねて盛った皿に、浅漬けの大根ふた切れを添えたもので、二の膳には小形の伊勢エビと砂糖煮の勝栗を添えたもの、これに雉子酒《きじざけ》がつき、お祝いの菓子が加わる。

　橙《だいだい》の中身をくり抜いて、干し柿や生ウド、貝柱の大根おろしあえを入れた「ゆず釜」やカズノコ、田作、黒豆の煮物、日の出かまぼこ、栗きんとんなど、おせち料理は、京風の雑煮とともに夕食になってやっと出され、正月らしい食膳となるのである。

元旦の一般参賀

一般常識

宮中三殿が祭儀の中心となるのは?

皇居の中で最も神聖な場所とされているため、祭儀の中心になっている賢所《かしこどころ》・皇霊殿・神殿の殿舎を「宮中三殿」と呼んでいる。三殿を一括して賢所と呼ぶ場合もある。

皇室の祭祀は古くは山陵で行われていたが、現在では山陵に出向く代わりに、この三殿で祭祀を行う。

宮殿の西の奥、吹上《ふきあげ》御所の東南にあり、七二六〇平方メートルの敷地に高い土塀をめぐらせてある。いずれも銅葺き、総白木の檜の入母屋《いりもや》づくり。中央が賢所で、向かって左が皇霊殿、右が神殿になっているが、賢所は左右両殿よりも大きく、床も三〇センチほど高い。三殿とも内部は内々陣・内陣・外陣に分かれている。

賢所は皇室の先祖にあたる天照大神が祀られてあり、ご神体は崇神天皇が皇位の「みしるし」として作られたという三種の神器のひとつである御鏡（ご本体は伊勢神宮にある）。三殿の中で最も尊厳な御殿とされており、天皇が内陣で拝礼される場合は、大祭・小祭ともに〝御鈴の儀〟が行われる。

践祚《せんそ》の式をはじめ、元号制定、即位礼、大嘗祭の儀式の式次第などを定めた旧憲法下の法規「登極令」には「賢所春興殿ニ渡御ノ儀」とか「賢所温明殿ニ遷御ノ儀」とあり、御鏡そのものを賢所と呼び、御殿を温明殿とも称した。

皇霊殿は、神武天皇から大正天皇まで、百二十三代の天皇をはじめ、歴代外の天皇（南北朝時代の北朝の五天皇、践祚はないが天皇の尊称をおくられた尊称二天皇、践祚はなく死後、天皇の尊称をおくられた追尊六天皇）、歴代皇后、尊称皇后、贈皇后、皇太后、皇族二千二百余方の霊が合祀されている。

吹上御所（東京都千代田区）

神殿は天神・地祇・八百万《やおよろず》の神々が祀られている。
立太子の礼、成年式、天皇・皇太子・親王の結婚式など、天皇家の重要な儀式はすべてこの三殿で行われる。

一般常識

宮中の年中行事に「天覧相撲」があったのは？

宮廷と相撲のかかわりは、昔から広く知られている。相撲は古代の若者の力比べでもあり、スポーツの原点でもある。

七世紀ごろから宮廷で相撲を見るようになり、奈良時代には七夕祭りの余興として定例的に催された。

やがて、相撲節会《せちえ》という宮中儀式に定められた。

水神を祭り、年占をするために相撲を行う農耕儀礼がその基礎となったとされており、祭儀の色彩が濃かったが、同時に勝負を楽しみながら宴を張った。しかし鎌倉時代になってすたれた。

昭和天皇は、幼少のころから相撲がお好きだった。学習院初等科時代に学友と相撲を取った写真が残っているし、いまなお楽しい語り草となっている。

天皇の十五回目の誕生日（大正四年〈一九一五〉）の祝いに高輪《たかなわ》の東宮御所で天覧相撲が行われた。

大正十四年四月二十九日、赤坂の東宮御所（現在の迎賓館）で皇太子妃殿下と一緒に相撲をご覧になった時のご下賜金が大相撲の天皇賜杯を生んだ。

昭和五、六年の天皇誕生日（当時の天長節）にも皇居の主馬寮覆馬場で盛大な天覧相撲が催された。戦後もテレビの中継が始まった二十八年の夏場所からブラウン管で観戦、三十年の夏場所から毎年一回、欠かさず国技館においでになっている。三十年からは皇后も一緒に出かけられることが増えた。

幕内力士のそろい踏み、横綱の土俵入りから結びの一番まで、昭和天皇の熱の入った観戦の様子は広く知られ、大相撲との縁の深さをしみじみとうかがわせる。年中行事ではないが、恒例のお出ましとなっている。

久しくも見きりし相撲　ひとびとと
　手をたたきつつ　見るがたのしさ

この歌には、大勢の観衆と楽しみを共にされる喜び、そういうことが復活できる時代になった嬉しさがしみじみとあふれている。

一般常識

天皇の禊ぎの儀式が「節折」の儀と呼ばれるのは？

節折《よおり》の儀は、六月三十日と十二月三十一日の年二回行われる。

祭服の御小直衣《おこのうし》姿の天皇が宮殿（竹の間）にお出ましになる。侍従が、禍悪を去るという意味の白絹でつくった「荒世《あらよ》」の服を差し出す。天皇はこれで体を撫でて返される。

ついで、御麻《みぬき》という麻のついた榊を供し、これも同じように撫でてから返され、ついで侍従が「荒世の竹」（篠竹）を陛下の体にあて、五回にわたって御丈の寸法を測り、墨で印をつけ、そこから竹を折る。このため「節折」と呼ばれるのである。

さらに、差し出された「荒世の壺」に天皇が息を吹き込んで荒世の儀を終わる。

このあと、「和世《にぎょ》」の儀に移る。福・善を意味する紅絹で作った「和世の御服」を供するほかは、荒世の儀とまったく同じ内容である。

節折の儀に続いて、大祓《おおはらい》の儀が行われる。

これは皇族代表らが参列し、国民が何気なく冒した罪穢《つみけがれ》をお祓いして、福・善を求めるという儀式である。

大麻でお祓いをし、式のあと祓物は節折の儀で使われた品とともに大河に流すというしきたりが、今も続けられている。

こうした禊《みそ》ぎ、祓いの起源は文献によると、神代にまでさかのぼる。六月と十二月の二回行われるのは、文武天皇（六九七〜七〇七年）の大宝以後の定制であろうといわれている。

明治四年（一八七一）、天皇が節折、大祓の儀の復活を指示され、同五年には宮中だけでなく地方官の大祓式の制度も定めた。こうして全国的に大祓が行われるようになった。

原始の時代から罪や穢れを祓い、福を願う気持ちが宗教や皇室の儀式と結びつき、歴史の流れに揺さぶられながらも絶えることなく、現代までその姿が宮中で伝えられてきている。

御小直衣姿の明治天皇

一般常識

宮中の年中行事に「七夕」がないのは?

笹竹に短冊を結びつけて願いごとがかなうように祈る七夕《たなばた》は、宮中の行事に含まれていない。小さいお子さんがいる時に、色紙に願いごとを書いて竹に飾ることはあっても、それは行事ではなく、お子さんに伝説の興味を伝えるためにすぎない。

この夜、天の川で牽牛《けんぎゅう》と織女《しょくじょ》の二つの星が逢うという中国の伝説は、牽牛が農耕を、織女が養蚕を表わしており、神聖視されていた星に洪水が起こらないで、五穀の実りが豊かであるように祈る星祭が昔から盛んに行われた。

わが国でも、七月七日は宮廷の節日とされていたことがある。持統天皇が公卿を集めて宴を開いたり、聖武天皇は天平六年（七三四）のこの日、相撲をご覧になり、さらに文人を集めて七夕の詩歌をつくらせたという。

律令の中には、宮中の宴を催す「節日」を七つ挙げているが、これにも七月七日が含まれている。

七夕の風習が世間に広まる一方、宮中の祭儀の意義が薄れてきたためか、宮中の行事としては行われなくなった。
後朱雀《ごすざく》天皇は、中宮を病気で失った悲しみを七夕の歌に託している。

去年《こぞ》の今日　別れし星も　あひにけり
などたぐひなき　我身なるらむ

また、雛祭り（三月三日）の風習も宮中に残っているが、これもやはり七夕と同じく行事ではない。

吹上御所で雛人形を飾って、白酒や菱餅、節句料理をお供えになる。雛人形は香淳皇后が実家の久邇《くに》家からお持ちになったもので、一部は空襲で明治宮殿が焼けた時に失われた。しかし、三段の雛飾りは毎年必ずしつらえておられる。

もともとこの日には、平安時代に天皇が清涼殿の庭に曲がりくねった水の流れをつくり、そこに酒杯を浮かべながら文人に酒杯が通り過ぎないうちに歌を詠ませる曲水の宴を張った。

江戸時代に世間で雛人形を飾るのが流行し、それが宮中にも取り入れられたのである。

一般常識

重陽の宴が「菊花節」と呼ばれるのは？

現代では、陰陽という中国の易学でいう万物の相反する二つの性質を重く見る人は減ってきたが、中国の影響が強かった昔は重視された。陽は、日、田、春などを含む積極的なものを指した。九は陽の数で、九月九日はこの数が重なるため、めでたい日とされ、重陽節と呼ばれた。九月九日といっても陰暦なので、現在の太陽暦に直すともっと遅い季節で、ちょうど菊のシーズンに当たる。

このため、重陽《ちょうよう》の宴《えん》は菊と切っても切れない縁がある。中国の菊花酒は実際に菊の花を入れて醸造したといわれるが、この風習を取り入れたわが国では酒に菊の花を浮かべたという。

平安の昔から菊花宴は盛んに催され、天皇は歌人を招いて詩歌をつくらせるのがならわしだった。

菊花酒を飲むことは、禍《わざわい》をはらうことでもあり、重陽の節句は五月の菖蒲の節句と対《つい》をなすと位置づけされた。

これはやがて武家や民間にも広まった。この日、女性は茱萸《しゅゆ》（グミ）の袋を身につけて災いを祓うようになった。その後、江戸時代の庶民の間では「栗の節句」とも呼ばれ、蒸し栗を食べたり、栗を知人に贈るならわしも生まれた。

宮中行事としては、明治の初めに、祭りや行事を維新後のわが国にふさわしい形にまとめたとき、祝祭日から外され、姿を消した。

しかし、菊を好まれた天皇は多く、後鳥羽上皇をはじめ皇室の紋章として菊紋が伝統的に使われた。そして、大正十五年（一九二六）の皇室儀制令で「天皇、皇后、皇太子の紋章は十六葉八重表菊形」と公式に決められた。

菊は、花の中の〝君子〟として、香・色・気品がとくにすぐれているというのも、その理由の一つである。

皇室で菊花紋を使うほかには、兵営、軍艦、大使・公使館などにも刻まれていた。今ではパスポートにさん然と光っているのが数少ない例である。

菊紋が配されたお召列車

一般常識

外国の王室に不幸があると天皇・皇后が喪に服するのは？

戦前の旧皇室服喪令（明治四十二年六月十日・皇室令第十二号）には、「大喪―宮中喪」のところで厳しい服喪規定が定めてあったが、戦後はこれらの規定を廃し、かなり緩和された。

旧皇室服喪令によると、天皇が大行《たいこう》天皇、皇后、太皇太后、皇太后のために服喪するのを大喪といい、これ以外の方に服喪することを宮中喪と呼んでいた。

宮中喪には国際外交上の儀礼から、外国の王室の喪についても「外国ノ凶訃ニハ特ニ宮中喪ヲ発スルコトアルヘシ」「宮中喪ニ関スル事項ハ宮内大臣之ヲ公告ス」と決められていた。友好国の訃報に対しては、旧法が廃されて久しい現在も、旧皇室服喪令を参考にしながら宮中喪が行われている。

その場合の参考になっているのは、大正時代にイギリス、ドイツなど八ヵ国と「王・皇室に不幸があった際には、お互いに服喪する」という取り決めで、現在はその慣例に従って行われている。

戦後、天皇・皇后両陛下が宮中喪に服された主なものは次の通りである。

◇昭和二十七年十二月二十九日から翌年一月四日まで。デンマークのアレキサンドリーネ皇太后の崩御。

◇昭和二十八年三月四日から八日まで。イギリスのメリー皇太后の崩御。

◇昭和四十年三月八日から十二日まで。スウェーデンのルイーズ皇后の崩御。

◇昭和四十五年一月十五日から十七日まで。デンマークのフレデリック国王の崩御。

◇昭和四十八年九月十六日から十八日まで。スウェーデンのグスタフ国王の崩御。

戦後の服喪では、旧皇室服喪令に決められていた服喪期間の第二期、第三期を心喪《しんそう》とし、この期間は公の行事には出るが神事は遠慮することにしている。

スウェーデン国王が亡くなった時には、予定されていた大相撲観戦を中止された。

エリザベス女王夫妻を迎える昭和天皇

一般常識

「大王」の称号が「天皇」に変わったのは?

「日本国の象徴であり日本国民統合の象徴」は天皇であると、日本国憲法の第一章に記されている。

天皇の称号は、大化の改新のころから使われるようになったもので、それまでは大王《おおきみ》と呼ばれていた。熊本県の船山古墳から出土した太刀銘に「獲○○○鹵大王世」とあるのが、「ワカタケル大王」と解読されたことは、五世紀後半の雄略天皇が大王と呼ばれていたことを裏付けるものとされている。

埼玉県の稲荷山古墳から出土した鉄剣にも「ワカタケル大王」と判読できる銘があり、雄略天皇の勢力が関東にまでおよんでいたことの証明だとされたこともある。

壬申の乱で勝利し、飛鳥で即位（六七三年）した天武天皇は、兄天智天皇の遺業を受け継いで発展させ「大王は神にしませば……」と詠《うた》われている。

中国の君主の称号である「皇帝」に対するものとして、「天皇」を日本の君主の称号として採用したのは、最初の女帝・推古天皇の甥で、皇太子に立てられて政務を代行した聖徳太子である。

『日本書紀』にある推古十六年（六〇八）の日本の国書に「東天皇」の文字がみられ、これが「天皇」の最古の文献とされている。

法隆寺薬師の造像銘や元興寺縁起には、その時代の天皇を「大王天皇」と表現し、先帝を「天皇」と記している。こうしたことから、推古天皇の時代が〝大王から天皇へ〟の過渡期ではなかったかとみられている。

明治になってからも、外国人が天皇を呼ぶときは「ミカド」だったが、日本政府はあくまでも「天皇」を用いることをきめ、公文書では必ず天皇とした。

稲荷山古墳鉄剣銘

ところが明治五年（一八七二）、清国と条約を結ぶ際、相手国の要請で「皇帝」を使ったのがきっかけとなり、昭和十一年（一九三六）一月まで「日本国皇帝」を名乗ったが、同年二月二十四日に締結した国際条約からは「大日本国天皇」を使うようになった。

一般常識

天皇に対して「バンザイ」を三唱するようになったのは？

バンザイ（万歳）は、もともと臣下が君主を祝福して唱える言葉で、古くはバンゼイと発声した。

桓武天皇が延暦三年（七八四）に平城京から長岡京に遷都した際、平安と聖主万歳を表わした歌がつくられたが、その歌は一句ごとに「新京楽平安楽土、万年春」とあったと伝えられている。また、『朝野群載』にも「萬春楽又は千春天人感呼、聖主億万歳」などと唱えたとある。

このほか『三代実録』には「親王已下五位已上唯と称して再拝す、中納言再拝して万歳と称す。次に群臣共に万歳と称し再拝踏舞す」と記されている。

明治五年（一八七二）九月十二日午後一時、鉄道会館に天皇を迎えて催された京浜間鉄道開行式では勅語があり、太政大臣の祝詞に続いて在京商人頭取も祝詞を述べた。

この祝詞の終わりのところに「爰《ここ》ニ数行ノ賀言ヲ叙《の》ヘ、以テ天皇陛下ノ明徳万世ノ下ニ垂レ、我億兆ノ民余慶ヲ蒙ランコトヲ謹テ仰ク。君万歳君万歳」とあったという。

また、明治十一年十一月九日付の『かなよみ』新聞には、天皇が北陸道の行幸から帰京されるという報道の中に「……百万の民戸国旗を掲げ、万歳を奏す……我新聞一日印刷の機械車を止めて拝礼の下に属さんとす……」という記事もある。

雅楽の中の舞楽の代表的なもののひとつである万歳楽《まんざいらく》は、むかし聖王の治世に鳳凰が飛来して君万歳を唱えたので、その姿や声を荘重典雅な舞楽に作ったとされ、即位礼の大饗宴の儀で奏されてきた。

万歳で歓迎される昭和天皇

バンザイが高唱されたのは、明治二十二年二月の紀元節とされている。この日は大日本帝国憲法が発布され、文武百官が参殿して大典が催される一方、観兵式が行われた。

明治天皇がこの観兵式に向かわれる沿道で、帝国大学の職員・学生が「バンザイ」を三唱したのが、三唱のはじまりとされている。

一般常識

「宮城」が「皇居」と呼ばれるようになったのは？

「宮城《きゅうじょう》」という名称が定められたのは、明治二十一年（一八八八）。同年十月二十七日の宮内省告示で広く世界に告げ知らせた。

明治維新で幕府が明け渡した江戸城に、明治天皇が移られたのは明治元年。このとき「江戸城」は「東京城」と改められた。天皇はいったん京都へ戻られ、翌年、東京へ再び帰られてから、「東京城」の名称を「皇城」と変更された。

同六年の火災で宮殿が全焼したのち、宮殿造営は西南の役などで延び延びとなり、着工したのは同十七年だった。完成は同二十一年六月。

同年十月に出された「皇居御造営落成ニ付、自今宮城ト称セラル」という告示で「宮城」とされた。

当時の技術の粋を集めた明治宮殿は、昭和二十年（一九四五）五月二十六日の早暁、米軍機B29の爆撃で焼失した。

宮城という名称は戦後の昭和二十三年七月に廃止され、それ以来「皇居」が使われている。

「皇居」というのは、もともと天皇がおられるところという意味でかなり前から用いられていた。「宮城」は、戦前、戦中に「宮城遥拝《ようはい》」を強制されていたころの暗いイメージと関わりがあるうえに、〝城〟の字がいかめしい感じを与えるので、言い替えに踏み切ったのである。

なお、新宮殿は昭和三十九年七月に着工、四十三年十月に完成した。それまで焼け残った宮内庁庁舎の一部を〝仮宮殿〟として儀式や国賓接待の場としていたが、新宮殿へ移った。

新憲法の時代になって、天皇は政治の権能がなくなったが、皇居が歴史を刻む出来事の舞台の一つであることに変わりはない。

たとえば、総理大臣や最高裁判所長官の親任式、閣僚の認証式、勲一等以上の勲章親授式、国賓の歓迎晩さん会……。

戦後の一時期に表面化した皇居開放論は影をひそめたが、旧本丸を中心とする東御苑は一般公開され、新しい時代の皇居として定着している。

一般常識

天皇の外出を「行幸」というのは？

「みゆき」（御幸）という言葉と同様、「行幸」も天皇の皇居からのお出かけだけに使われる。

中国の漢時代にも、皇帝のお出かけに「行幸」という言葉が用いられている。わが国でも『日本書紀』に何回も出てくるし、『万葉集』にも登場する。「幸」の字を使うのは、お出かけ先に必ず幸《さいわい》があるからだともいわれる。一説に罪人の大赦や困窮者の救済などが行われたことを指しているともいう。

お出かけ先が二ヵ所以上にのぼる場合は「巡幸」と呼ぶ。明治五年（一八七二）の明治天皇の全国巡幸は、西郷隆盛ら七十余人と近衛兵一個小隊の護衛で出発するという華華しさだった。お召艦は、六隻の護衛艦とともに出航し、伊勢・京都・大阪、そして下関・長崎・熊本・鹿児島と回り、陸・海軍人と会い、学校・病院・工場・農村……と数多くの国民に接し、丸亀・神戸・横浜に寄港して帰京された。

さらに、同九年東北と函館、十一年北陸・東北……と全国を回られた。これは鎖国を解き、外国と肩を並べようと努力した当時の日本にとって大きな意義があった。

第二次世界大戦後、戦禍の中の国民を励まし復興を祈るため、昭和二十一年（一九四六）の神奈川県を皮切りに、二十九年の北海道まで続けられた昭和天皇の地方巡幸も、多くの人々に強烈な印象を刻み込んだ。それまでの軍服姿ではなく、背広姿で、人間天皇として接したからでもある。

炭鉱の坑道に入り、病室を訪れ、懸命に声をかけ耳を傾けられた、異例の行幸でもあった。

関西巡幸中の昭和天皇（昭和22年）

なお、「幸」の字は、天皇の場合だけで、皇后、皇太子など皇族の場合には「行啓」と言う。だから、天皇・皇后両陛下がご一緒だと「行幸啓」ということになる。

こうした皇室の特別な用語は、最近では新聞、テレビなどの報道にもほとんど出なくなっている。親近感を妨げるきらいがあるからだろう。

一般常識

「御所ことば」が現在も宮中で使われているのは？

御所ことばは、室町時代から朝廷で使われていた特別な用語である。とくに女官を中心に根強く引き継がれ、貞明皇后（昭和二十六年〈一九五一〉五月十七日崩御）の女官の間でも用いられていた。

いまでは日常的に使われるものはかなり減った。皇太子が天皇を「おもうさま」、皇后を「おたたさま」とお呼びしているのが最も広く知られているものだろう。

天皇や皇太子一家の身の回りの世話をする侍従職、東宮職の職員の間でも「御格子になる」という言葉が交わされることがある。お寝《やす》みになるという意味である。「おひろいでならっしゃる」（歩いておいでになる）というのも、ときどき聞くし、「おまなりょう」（お万那料、お真魚料＝お祝いのお金）という言葉も残っている。

もともとは飲食に関して、そのものずばりの言い方を避け、別の表現を使いはじめたのが衣・住の面にも広がったといわれる。

そして、朝廷の周辺にあった公卿社会、武家、町人の間にも一部が〝流出〟し、混ざり合い、さらに明治以後の社会構造や時流の変化で拡散し、多少の名残りが見られる程度に減った。

例えば、おぐし（髪）、おつむ（頭）、おめしもの（着物）などは庶民の間でも十分に通用する。「おまな」にしても「まないた」（まな＝魚を料理する板）に通じる。「おめもじ」（面会）も五十歳以上の年代なら理解できるだろう。

しかし、戦後もしばらく使われていた「女孺《にょじゅ》」（侍従職の女性事務官）や「雑仕《ざっし》」（その下の雑用の係）という言葉は、耳にしただけでは宮中に関わりのない人にはとても理解できない。説明を聞いてなるほど……というような〝かけ離れた用語〟であった。

「仲居《なかい》」と聞くと、料理屋の女中と解釈する人が少なくないが、局《つぼね》の台所専門の女中を意味した。

御所ことばは、宮中の神秘性が薄れるにつれて、次第に影が薄くなりつつあるようだ。

一般常識

天皇の敬称として「玉」の字が使われたのは？

終戦を全国に伝えた「玉音放送」は日本の歴史に永遠に残る言葉である。このほか、天皇の体を意味する「玉体《ぎょくたい》」、席を指す「玉座」、顔を示す「玉顔」、歩くことをいう「玉歩」などのように天皇の事物に冠する文字として「玉」の字がしばしば使われる。

いずれも中国の昔の歴史書や詩に天子や王侯を示す字として用いられており、それがわが国に〝輸入〟されたらしい。「玉」は美しい石を意味することが多いので、そこから転じて用いられたのだろう。

しかし、玉輦《ぎょくれん》は皇后・皇太后の乗り物の呼称である。天皇の乗り物の場合は鳳《ほう》輦《れん》・車輦・聖駕《せいが》・龍駕などの呼び方がある。時代の移り変わりの中で、このように分かれてきたと思われる。

こうした場合、「ご玉音」というような「ご」を付ける言い方は戦前にもなかった。「玉」とか「聖」という字にもともと敬意が含まれているので、それがダブるからである。

皇室用語はこのように複雑で、「宝算《ほうさん》」「皇算《こうさん》」「聖寿《せいじゅ》」が天皇の年齢を指す言葉とは、若い世代にとっては理解しにくいに違いない。

高御座（玉座）

「玉」と同じように使われてきた字を挙げてみると、「天」（天顔、天覧、天聴）、「宸《しん》」（宸筆、宸翰《しんかん》）、「勅」（勅語、勅使、勅題、勅許）、「聖」（聖断）、「神」（神璽）、「恩」（恩賜、恩賞）、「上」（上奏、上聞、上覧）、「奉」（奉答）などがある。

現在では新聞や放送の用語としてはほとんど出てこないし、やがて関係者を除くと社会的には死語となるものが多いだろう。

しかし、戦前・戦中の記録や新聞を読む時や、歴史を学ぶ時には、その時代の用語として目に触れることも多いだろう。

一般常識

天皇の追号に「元号」の文字をあてるようになったのは？

天皇・皇后・皇太后が亡くなった時に、贈られる称号を追号《ついごう》と呼ぶ。御諡号《ごしごう》という古くからの言い方もある。厳密に言うと、諡号は生前の聖徳を称えるものである。例えば神武、孝謙、称徳などがそれに当たる。

天皇の場合、名前や称号はあっても、姓に相当するものがなく、崩御されるとすぐ位を継がれた天皇と区別するため、「大行天皇《たいこうてんのう》」という、ゆきて帰らぬ天皇という意味の尊称でとりあえず呼ぶ。そして追号の決定を急ぐ。

明治天皇の場合、明治四十五年（一九一二）七月三十日に崩御され、一月足らず後の大正元年八月二十四日に追号を「明治天皇」とすることが決まっている。

もともと追号は、在所や山陵の名、先の天皇の追号に〝後〟をつけるなど、いくつかの方式があった。〝後〟の例としては後朱雀天皇、後白河天皇、後桃園天皇をはじめ少なくない。明治天皇が崩御された時から、在位の時の年号をこれにあてる方式が採用された。大正天皇の場合も同様である。

明治以来、一世一元、つまり一人の天皇の在位期間中は同じ元号を使うことが定められているので、在位中の年号を追号にあてることにすると、年代と追号が一致することにもなる。

慶応年間より前には改元（年号の変更）がしばしば行われ、一人の天皇の時代に七つもの年号が使われたこともあって、追号と年号は必ずしも一致しないが、明治以降はそのようなことはあり得ない。

「昭憲」皇太后（明治天皇の皇后）、「貞明」皇后（大正天皇の皇后）、「香淳」皇后（昭和天皇の皇后）など、皇后や皇太后が亡くなられた場合は、人柄にふさわしい追号が検討され、選ばれる。

一般常識

皇太子が「東宮」といわれるのは？

皇位継承の立場にある皇太子の敬称は、昔から皇儲《こうちょ》、儲君《ちょくん》、東宮《とうぐう》、春宮《とうぐう》、もうけのみや、ひつぎのみこ……とさまざまであるが、明治以降は「東宮」が最も多く用いられている。現に、皇太子一家のお住まいは東宮御所であり、ここに勤務する職員の長は東宮大夫《とうぐうたいふ》である。

御所の事務当局は東宮職で、東宮侍従長・同侍従・東宮女官長・同女官・東宮侍医長・同侍医……というようにポストの名に〝東宮〟が公式に使われている。

さて、その由来だが、東方は春に配し、万物生成の意を含み、また易《えき》で東を震とし、震は長男を意味することによるという。また、昔は皇太子の宮殿が皇后の東にあったからともいう。

東宮殿下ともいうが、公式の場合には〝殿下〟をつけないでもよいと戦前から定められている。

皇太子妃殿下を東宮妃殿下と略称することもあるが、放送や新聞では「皇太子殿下」「皇太子さま」「皇太子妃雅子殿下」「皇太子妃雅子さま」「皇太子ご夫妻」「皇太子ご一家」など、敬意を含めながらも平易な表現をとるように努めている。そのため、「東宮」は御所や職員のポストの名に関連して目に触れることが多い。

戦前には、東宮武官という制度もあった。陸軍の中将・少将・佐官・大尉計五人、海軍の同三人という構成で、皇太子の威儀を整える役をつとめ、行軍・演習などの軍務だけでなく、祭儀・宴会・謁見にもお供したが、戦後は廃止された。

一般常識

天皇の読書を「乙夜の覧」というのは？

乙夜《いつや》は、一夜を甲夜（初更、午後七～九時）、乙夜（二更、午後九～十一時）、丙夜（三更、午後十一～午前一時）、丁夜（四更、午前一～三時）、戊夜（五更、午前三～五時）の五つに分けた中の二番目。二更の午後九時から十一時までの亥《い》の刻のことである。

「乙夜の覧」は、天子が昼間、政務に多忙なため、夜の十時過ぎになって読書をしたことをいい（『杜陽雑編』）、これが転じて、天皇の読書を意味するようになった。

昭和天皇は政務にかかわりがないが、昭和五十八年版の『宮内庁要覧』によると、「御夕食後、両陛下は、テレビ、新聞、雑誌等を御覧になり、またラジオ、音楽などをお聞きになって、おくつろぎになる。なお、吹上御所の御書庫には、生物学関係の書物を多数お備えになっている。天皇陛下は、いつも夜にはお居間で、これらの本をお取り出しになって、植物などの御研究をなさっている」とある。

昭和天皇は読書をなさるだけでなく、研究をまとめて上梓《じょうし》されている。同要覧によると、二十一冊にのぼる研究成果は、①天皇の著書（六冊）、②学者と一緒に研究の結果をまとめたもの（四冊）、③天皇が採集した資料をもとに学者がまとめたもの（十一冊）となっている。

研究中の昭和天皇

晩年は健康の保持を考え、夜十時にはおやすみになっていたので、読書も〝乙夜〟になることはなかった。映像時代ともなれば〝覧〟の情報は、文字からテレビまで含まれる。

いつか記者会見で、「……テレビはいろいろ見ていますが、放送会社の競争がはなはだ激しいので、いまどういう番組を見ているかということには、答えられません」と述べられたことが、何よりの裏付けである。

一方、新聞も、東京で発行されている主な新聞七紙を丹念にお読みになり、切り抜くところに赤エンピツでしるしをおつけになっていた。

一般常識

国名は「日本国」なのに、国璽が「大日本国」なのは？

「日本国天皇は○○○○（氏名）を勲一等に叙し○○○○章を授与する……」という勲記——いわば叙勲《じょくん》の証明書には中央上部に天皇の署名があり、その下に国璽《こくじ》が捺《お》されている。ところが、冒頭に「日本国天皇は」とあるのに、捺された国璽——国の実印には「大日本国璽」の五文字が彫られている。

国璽が〝国の実印〟だとすると、御璽《ぎょじ》は〝天皇の実印〟ということになるが、御璽と国璽の使い分けが決まったのは、明治十三年（一八八〇）に内閣書記官伺という文書が出されてからである。同十九年、勅令第一号の公文式第十六条で明確に規定された。

それによると御璽は、法律・勅令・勅任官辞令など、主として国内向け。国璽のほうは国書・条約批准書・外国派遣官吏委任状など、主として国外向けと勲記に使われることになっている。勲記は、古くは「天佑ヲ保有シ万世一系ノ帝祚ヲ践タル日本国皇帝ハ……」となっていたが、昭和十一年（一九三六）二月、〝日本国皇帝〟というのを〝大日本帝国天皇〟に改めている。

明治二十二年に制定された旧憲法は「大日本帝国憲法」だから、昭和十一年になって勲記と国号とが一致したわけである。

一方、明治二十七年八月一日の日清戦争の宣戦の詔勅では〝大日本帝国皇帝〟、同三十七年二月十日の日露戦争の宣戦の詔勅では〝大日本国皇帝〟が使われており、明治憲法と同時に制定された旧皇室典範にも〝日本帝国〟と〝大日本国〟が使われている。

「大日本国璽」の文字のある国の印は、明治四年に国際条約を結んだときに初めて使われたが、これは石に彫ったもの。現在使われている金製は同七年に改刻以来使われている。だから大日本帝国憲法の制定より十五年も前から「大日本」だったわけで、国璽の〝大〟は〝大日本帝国〟に対応しているのではなく歴史的な美称だと政府は言っている。

現代

松﨑敏彌

現代

戦後になって「熊沢天皇」が出現したのは？

敗戦からわずか一ヵ月後の昭和二十年（一九四五）九月、吉田長蔵なる人物を代理人として一通の請願書が、連合軍総司令官マッカーサ元帥のもとに届けられた。その請願書には「北朝系である現天皇は退位し、南朝系の天皇に大権を奉還するという約束を実行する以外に、今の混乱期を救う道はない」とし、「南朝の正系である熊沢寛道《くまざわひろみち》に天皇の地位を譲位させるよう」と書かれてあった。このことがＧＨＱを通じて、米誌『ライフ』に報じられて〝熊沢天皇〟として、一躍世間のスポットライトを浴びることとなった。熊沢寛道は南朝初代の後醍醐天皇から数えて二十二代の今上尊興王寛道であると主張した。

熊沢家は「代々家紋として十六表菊花紋を佩用《はいよう》してきたこと」をその証拠にあげたりして、南朝正系の天皇としての信念をもって、支持者である吉田長蔵らとともに全国各地をまわり、その主張を説いた。しかし、熊沢天皇の根拠ともなる「熊沢系譜」をめぐって、歴史学者の中にはその真偽を疑う者も多かった。昭和二十六年一月、熊沢氏は「現天皇不適格の訴え」を東京地裁に起こしたが、「天皇は裁判に服しない」として却下された。やがて、支持者たちも熊沢氏の周囲から次第に離れていった。

敗戦とともに、皇室に対する不敬罪などが廃止され、それまで抑圧されてきた皇室に対する自由な論議ができるようになった。

昭和二十一年の一月一日、天皇の人間宣言がなされ、全国巡幸が始められた。この時期、「皇室財産の解体」「宮内省の機構の縮小」など、GHQによって次々と皇室の改革がおし進められていった。天皇家の存亡が危ぶまれた時代であった。

南朝22代を主張した熊沢天皇

最後まで南朝の後裔であると主張し続けた熊沢寛道は、昭和四十一年六月十一日、膵臓《すいぞう》ガンのため、東京・板橋の病院でひっそりとその生涯を閉じた。七十八歳だった。

現代

天皇が公式行事に和服を着ないのは？

テレビの「時事放談」で知られる政治評論家・細川隆元《ほそかわりゅうげん》氏は、著書『天皇陛下と語る』（山手書房刊）の中で、昭和五十七年七月、那須御用邸ご滞在中の昭和天皇におめにかかった際、「どうして着物をあまりお召しにならないのですか？」と単刀直入にお尋ねしている。

そのときに昭和天皇は、こう答えられている。

「うん、子供のころはよく着物を着せられた。だが大人になったら、それは面倒臭いからやめました。羽織を着たり袴《はかま》をはいたり、また、羽織を脱いだり袴を脱いだり。そうだろう？　だからもう……。洋服を着ていれば一日それでいい。誰に会う場合でも、どこへ行く場合でも、家にいる場合でも洋服一つですむだろう。うん、それだけなんだ」

細川氏によると、

「そう語られる陛下の表情の中に、着物を着るのは面倒臭いというお気持ちがありありと窺《うかが》われた」

と言う。

ご自分でも語っていらっしゃるが、お小さい頃の着物を着た写真は残されているが、成年後の着物姿の写真は一点もない。大正十年（一九二一）、東宮時代に初めてヨーロッパ旅行をされて以来、生活様式を洋風にかえられて、洋服のほうが合理的であるとされているように思われる。

一時期、放送作家の永六輔《えいろくすけ》氏らが「天皇に着物を着ていただく運動」と称して「天《てん》着連《ちゃくれん》」なるグループをつくったこともあったが、その後どうなったか。しかし、皇室には一般では使われない儀服というものがある。宮中祭祀や朝儀などの儀式にお召しになる「御祭服《おさいふく》」「御直衣《おのうし》」「帛御袍《はくのごほう》」「黄櫨染御袍《こうろぜんのごほう》」などという名称がつけられており、祭儀によってお召しものが変わる。

これらの儀服の制定は、弘仁十一年（八二〇）の嵯峨《さが》天皇の詔《みことのり》にもみられる。現在では神主の衣装にみられるが、これらは〝着物のルーツ〟といえるかもしれない。

現代

宮中の正式料理が「フランス料理」なのは？

明治時代初め〝肉食は身体の血が穢《けが》れる〟とか〝神仏の罰があたる〟などという考えが根強くあった。しかし明治四年（一八七一）十二月、明治天皇は「肉食の禁、謂《い》われなし」とされ、肉食をする旨が宮中で定められ、翌五年一月、自ら牛肉を試食され、肉食を奨励されたと記録にある。明治七年には宮内省にお雇い外国人医師としてドイツ人、レオポール・ミュルレル、テオドール・ホフマンを入れ、医事指導と明治天皇の健康維持の任にあたらせた。

この二人の外国人医師のすすめによって、肉食も多く採り入れられ、牛乳やブドウ酒を愛用されるようになった。この頃から各国の元首、王族や皇族の来日が盛んになり、宮中晩餐会などが催されるようになった。

明治十二年七月の米国元大統領グラント将軍の来日をはじめ、ドイツ帝国フリードリッヒ・レオポールド親王、ロシア皇帝の従弟《いとこ》アレキサンドル・ミハイロビッチ大公などの来日が続いた。幼年時、京都の公卿の家で育てられた明治天皇は、ご自身は西洋料理は苦手だったが、外国賓客の接待のため、大いに洋食を奨励され、重臣たちの陪食をすすめた。〃文明開化〃は、宮中の食卓にまで及んだのである。

明治十九年、宮内省官制が布《し》かれ大膳職が掌《つかさど》ることになると、西洋料理のコックが民間から雇われるようになった。当時から西洋料理の本場であったフランスで学んだ秋山徳蔵氏が初代主厨《しゅちゅう》長になり、明治・大正・昭和と宮中料理の伝統を築き上げた。

ミッテラン仏大統領を迎えての宮中晩餐会

外国賓客を迎えた晩餐会は、いつもフランス料理が基調になっているが、賓客のお国の習慣によって多少メニューに変化をもたせてもいる。酒類もシャンパン、ブドウ酒と一緒に日本酒も供されるようになった。

昭和五十七年四月、本場フランスのミッテラン大統領が来日した時も、宮中のフランス料理を味わわれたが、〃セ・ビアン（おいしい）〃と洩らされたという。

現代

天皇家は都民税・区民税を納めている?

天皇陛下をはじめ皇族方は、税金の面で特典を受けている。「所得税法」第九条によって〝内廷費〟と〝皇族費〟は課税されない。皇位とともに皇嗣が受ける物、たとえば〝三種の神器〟〝宮中三殿〟などがあるが、これも「相続税法」第十二条によって非課税財産となっている。

また、天皇家が使用される輸入物品は、「関税定率法」第十四条によって関税を免除されている。地方税である都民税・区民税は、両陛下は千代田区に、皇太子殿下は港区にそれぞれ納税されている。天皇家の財産は、戦後の皇室財産解体によって、ほとんどが国に帰属することになったが、昭和二十二年(一九四七)、資産として残された千五百万円が基礎となっている。

これらを有価証券や預金として運用していれば、これに対しては課税される。また、生物学者として数多くの著書のある昭和天皇は、印税の所得があった。

こうした所得の確定申告は、毎年宮内庁内廷会計主管名義によって申告されている。

天皇家は、国の象徴としてのお立場から国事行為を行う最高の公務員として、内廷費という年金を国から受けているわけである。

ただ天皇家には不動産がなく、皇居・吹上御所のお住居、皇太子ご一家のお住居である東宮御所、那須・須崎・葉山の御用邸も国有財産で、天皇家の私有財産ではないので、固定資産税はかからない。

〝内廷費〟は天皇ご一家の私的生活費である。

〝皇族費〟は、秋篠宮《あきしののみや》・常陸宮《ひたちのみや》・高松宮《たかまつのみや》・三笠宮《みかさのみや》・三笠宮寛仁《ともひと》親王・桂宮《かつらみや》・高円宮《たかまどのみや》家の六宮家に対する生計費である。

この費用はお手元金として支出されているもので、自由に使われ、後日、精算報告する必要のないものである。

昭和天皇の著書『那須の植物誌』

現代

天皇の戸籍はどこにある？

平成十三年十二月十日、敬宮愛子《としのみやあいこ》内親王のお名前も〝皇統譜《こうとうふ》〟に登録された。天皇および皇族の戸籍簿として〝皇統譜《こうとうふ》〟がある。これは歴代の天皇、皇后をはじめ皇族の身分に関する事項を登録したもので、天皇および皇后だけに関する事項を登録する「大統譜《だいとうふ》」と、皇族に関する事項を登録する「皇族譜《こうぞくふ》」に区別されている。それぞれ正・副二冊あり、正本は宮内庁書陵部に、副本は法務省に保管されている。

登録または付記する時は、その年月日を記入し、宮内庁長官および書陵部長が署名する。この〝皇統譜〟に登録された天皇および皇族は、一般の「戸籍法」の適用を受けない。「公職選挙法」の付則に、「戸籍法（昭和二十二年法律第二二四号）の適用を受けない者の選挙権及び被選挙権は当分の間停止する」とあるから、天皇および皇族は、選挙権も被選挙権もお持ちにならない。

「大統譜」のうち神代の大統は「大統譜」の首部に登録され、また北朝の五天皇（光巌天皇・光明天皇・崇光天皇・後光巌天皇・後円融天皇）は別冊を設け、「大統譜」に準じて登録されている。

〈天皇欄登録事項〉

①御名 ②父 ③母 ④誕生の年月日時及び場所 ⑤命名の年月日 ⑥践祚の年月日 ⑦元号及び改元の年月日 ⑧即位礼の年月日 ⑨大嘗祭の年月日 ⑩成年式の年月日 ⑪大婚の年月日及び皇后の名 ⑫崩御の年月日時及び場所 ⑬追号及び追号勅定の年月日 ⑭大喪儀の年月日及び陵所及び陵名

〝皇統譜〟の作成が始まったのは、明治三年（一八七〇）で、宮内省に「御系図取調掛」が設置されて皇統系譜の調査がなされ、大正十五年（一九二六）十二月に「皇統譜令」が公布され、現在に至っている。

皇統譜登録

現代

皇居の番地を本籍にはできない？

天皇陛下のお住居のある皇居の住所は、

「東京都千代田区千代田一番地」

昭和五十七年七月には、五百五十七人の人が、この地に本籍を置き、筆頭者として届けていた（現在は非公開）。

実際にここに住んでいなくても、千代田区役所では受けつけているようである。

この地に本籍を持った第一号は、昭和三十五年に届け出た徳島県出身の宮城賢次さんという人だそうだ。

名字が〝宮城〟だけに、なんとなく合っているようにも思える。

皇居に本籍を持つ人たちの天皇観は同一ではない。

「日本の中心にいる」という意識の人。

「皇室に対する親近感」を持つ人。

「とくに特別な感情を持たない」という無関心派など、さまざまなようだ。

現代

天皇になるにはどんな資格がいる？

天皇の地位を〝皇位《こうい》〟というが、「皇位は世襲のものであって、国会の議決した『皇室典範』の定めるところにより、これを継承する」（「憲法」第二条）と定められている。

皇位の継承は継承者の意思によるものではなく、憲法上の世襲の原則によって、天皇が亡くなられた場合に限り行われることになっている。

皇室の歴史上では天皇が譲位された例は珍しくないが、現行法では継承者の意思にかかわらず、世襲原則にのっとり、天皇ご存命中には譲位による皇位継承は行われない規定になっている。

皇位は、「皇統に属する男系の男子たる皇族が、これを継承する」（「皇室典範」第一条）とあるが、「皇統」とは、天皇の血統をいうもので、男系の男子であることが決められ、女系および女子はその資格がない。

法的に継承順位が次の通り定められている（「皇室典範」第二条）。

那須御用邸でくつろぐ昭和天皇・香淳皇后と皇太子ご一家（昭和53年）

（現在の皇族の継承順）

①皇太子徳仁《なるひと》親王
②秋篠宮文仁《ふみひと》親王
③秋篠宮悠仁《ひさひと》親王
④常陸宮正仁《まさひと》親王
⑤三笠宮崇仁《たかひと》親王
⑥三笠宮寛仁《ともひと》親王
⑦桂宮宜仁《よしひと》親王

もしも皇位を継ぐべき「皇嗣に、精神若《も》しくは身体の不治の重患があり、又は重大事故があるときは、皇室会議の議によって継承順位を変えることができる」（「皇室典範」第三条）と定められている。

現　代

親王・内親王が皇族を離れる手続きは？

昭和五十七年四月、〝ヒゲの殿下〟として知られている三笠宮寛仁《ともひと》殿下が、突然〝皇籍離脱宣言〟をして、世間をあっといわせた。

「皇室典範」第十一条二項によれば、皇太子および皇太孫を除く親王は、「やむを得ない特別の事由があるときは、皇室会議の議により、皇族の身分を離れる」

とあり、本人の意思だけでは皇籍を離脱できないことになっている。

寛仁殿下のご希望は、残念ながらかなえられなかった。

ここでいう「やむを得ない特別の事由」について、昭和五十六年五月、衆議院決算委員会で社会党の新村勝雄議員が質問した。そのとき、山本悟宮内庁次長が答弁をした。

それによると、

「皇族としての品位を傷つける」場合。あるいは「その地位を保持することが不適当な事情があった」場合があげられた。

また、「皇族の数が非常に多くなり、皇室制度上、皇室の財政事情が悪化して保持していくことが困難となった」場合をあげている。

現代

競馬に「天皇賞」があるのは？

昭和四十七年五月、参議院決算委員会で、公明党の黒柳明議員が「競馬のようなギャンブルに、天皇賞や総理大臣賞が出ているのはおかしい」と追及した。

そのとき、当時の瓜生《うりゅう》順良宮内庁次長は、答弁に立って「宮内庁事務当局としても疑問を感じており、考え直したい」と答えた。

天皇家と競馬の歴史は古く、『日本書紀』にも「天智天皇四年（六六五）端午《たんご》の節《せち》会《え》に走馬を覧《み》給う」とある。

天皇家の神事として〝競馬《くらべうま》〟が行われていたことが、いろいろな文献にみられる。

出走馬の調達補給のために、天智天皇七年には、「各地に牧《まき》を設けて放馬」が行われるようになった。

牧場の地は、御牧《みまき》の地名となって、いまも各地に残っている。

天皇家の神事として始まった〝競馬〟も、時代を経て武家の〝武技〟として行われるようになり、戦乱兵火の時代を経て、馬匹《ばひつ》改良の競馬へと引き継がれていった。

明治天皇は競馬にご関心が深く、明治二年（一八六九）二月、京都・賀茂神社で競馬をご覧になった。

それをはじめとして、吹上・戸山・根岸・上野不忍《しのばず》池、三田種育場などで競馬をご覧になった。

明治三十九年十二月一日には、根岸競馬場において〝第一回帝室御賞典競走〟が行われ、明治天皇から馬匹改良・馬産奨励のために、銀製の菊花模様高彫の花盛鉢が下賜され、天皇賞のもととなった。

その後、〝賞〟は〝ご紋付銀鉢〟から〝銀製洋盃〟となり、戦後、昭和二十二年から現在の〝ご紋付楯〟になった。

賞金については、天皇家からは出ていない。

現代

「天皇杯」「皇后杯」はどんなスポーツにある?

天皇杯・皇后杯・宮杯・宮妃杯など、スポーツ競技におくられる賜杯の基準は、
①アマチュア・スポーツであること。
②国民によく普及していること。
③大会が全国的な規模で最高のものであること。
④参加者に対し、地位等による制約がないこと。
⑤大会が営利団体によらないこと。
⑥届け出団体が全国組織を持ち指導的立場にあること。
などとなっている。

天皇杯および皇后杯が宮内庁から正式に出されているのは、国民体育大会の総合優勝得点県に対する天皇杯・皇后杯をはじめ、国体関係の各団体競技のほか、日本相撲協会と東京六大学野球連盟で、天皇は皇太子時代に賜杯を出され、昭和二十一年(一九四六)に〝天皇杯〟として改めて下賜された。昭和三十七年からは、農林

水産祭の優秀成績者にも、天皇杯が下賜されている。

【天皇杯】 日本学生陸上競技連盟（昭和二十二）、日本水泳連盟（昭和二十二）、日本庭球協会（昭和二十二）、日本蹴球協会（昭和二十二）、日本軟式野球連盟（昭和二十三）、日本バスケットボール協会（昭和二十三）、日本軟式庭球連盟（昭和二十三）、日本体育協会（昭和二十三）、日本卓球協会（昭和二十三）、日本バレーボール協会（昭和二十五）、全日本スキー連盟（昭和二十六）、全日本柔道連盟（昭和二十七）、全日本剣道連盟（昭和三十三）、全日本弓道連盟（昭和三十五）、日本農林漁業振興会（昭和三十七）、日本相撲連盟（昭和四十一）などがある。

【皇后杯】 日本体育協会（昭和二十三）、日本バスケットボール協会（昭和二十三）、日本バレーボール協会（昭和二十五）、日本軟式庭球連盟（昭和二十五）、日本卓球協会（昭和二十六）（カッコ内は下賜された年）

国体開会式でお言葉を述べる昭和天皇

現代

「秩父宮杯」「高松宮杯」はどんなスポーツにある？

「秩父宮杯」には、陸上競技に全国高等学校陸上競技対抗大会に三種目。また、庭球女子シングルス・バレーボール男子・漕艇男子エイト・バドミントン男子シングルス・ライフル射撃・自転車の三競技・スキーの五競技・アイスホッケー・ラグビー東西対抗の計十八の賜杯や楯がある。

「秩父宮妃杯」は、陸上競技の日本学生陸上対校競技選手権大会女子・国際マラソン選手権、漕艇は二種の「杯」と二種の「旗」、バドミントン三種の〝杯〟、スキー女子大回転に〝牌〟。

「高松宮杯」は、日本高等学校選手権男子水泳・ヨット鳥羽パールレース・全日本軟式野球のBCクラス・バスケットボール三競技・銃剣道・全国学生相撲・ハンドボール三競技・バドミントン高校男子団体・重量挙げ・自転車びわこロードレース・スキー二競技の計十七杯がある。

「高松宮妃杯」は、日本高等学校選手権水泳女子・全日本実業団ヨット・バスケットボール女子三競技・ハンドボール二競技・バドミントン全日本高校女子選手権の計八杯ある。

このほかの宮杯には、次のものがある。

「常陸宮杯」は、全日本準硬式野球大会・全日本高等学校馬術・高等学校相撲・宮様スキー国際競技の各大会に〝杯〟を出されている。

「三笠宮杯」は、東北地区道路競走・日本学生氷上競技男子総合・宮様スキー国際競技会複合・全日本学生軟式庭球・全日本馬術大会・東京馬術大会の計六杯を出されている。

「三笠宮妃杯」は、宮様スキー大会国際競技男子大回転・全日本学生軟式庭球女子に〝杯〟を出されている。

秩父宮(左)、高松宮(中央)と9歳の昭和天皇

現　代

「御料牧場」ではどんなものがつくられているか？

「御料牧場」は、かつて千葉県三里塚下総《さんりづかしもふさ》御料牧場が、成田空港（現、新東京国際空港）建設のため、昭和四十四年、宇都宮市の北東約一三キロの地、栃木県高根沢町と芳賀町に移転したもの。総面積二五一・八ヘクタールの広さは、那須御用邸の約六分の一にあたる。

建物は貴賓室など宿泊施設を含めて一万七二〇一・三平方メートル。乗馬や輓《ばん》馬の生産育成、乳牛、羊、豚、鶏、キジなどの家禽《かきん》類の飼育と加工品を生産している。乳牛からは牛乳、バター、チーズ、ヨーグルトを、食肉からはベーコン、ハム、ソーセージなどを加工している。農地では大根、人参、きゅうり、トマト、レタス、ホウレン草などの野菜類をつくっており、毎週二回程度定期的に皇居の大膳部に運ばれている。とくに祝宴、宮中晩餐会、園遊会などのために、食材をまとめて整えられている。

ここでつくられている野菜は、ほとんどが有機野菜で、新鮮かつ安全な産地直送の品ばかり。宮内庁大膳を通じて各宮家にも届けられている。牛乳は宮内庁の職員食堂でも販売され、その濃厚な味には定評がある。また、伊豆大島噴火のため避難していた小、中学校生徒にも見舞いとして、ここの牛乳を贈られた。

御料牧場では年二回、在日外交団を招いてのガーデンパーティーなども催され、散歩や馬車に乗っての園内見学などが行われている。また、古式馬術の「母衣引《ほろびき》」を披露されたりすることもある。他に、広い施設を見学するための自転車なども用意されており、サイクリングコースも完備されている。九四年に皇太子ご夫妻が中東を親善訪問された際にオマーン国国王から贈られた二頭の馬も、この御料牧場で飼育されており、ご夫妻は時折成長ぶりを見に行かれている。

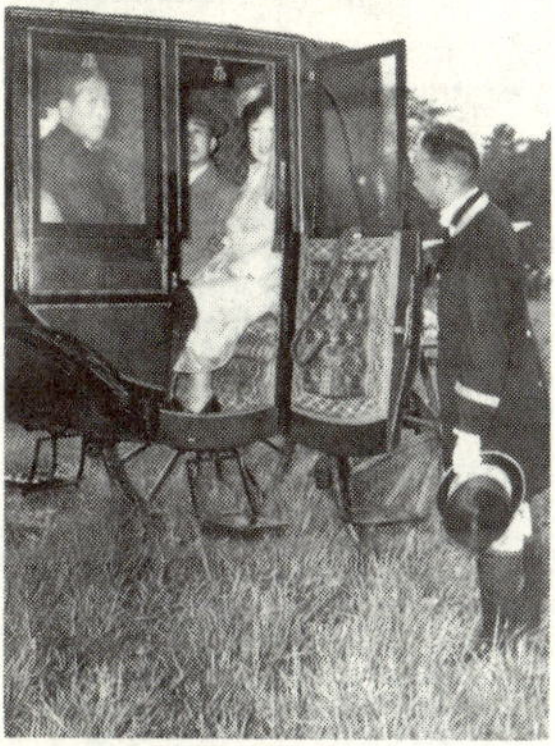

下総御料牧場での昭和天皇御夫妻

食肉のための家畜類は、とくに衛生面でも厳重に管理をされており、牛肉、魚、果物などの一部は、業者から別途に仕入れているが、「天皇家の台所」として、御料牧場は重要な役目を果たしている。

現代

皇室の「鴨場」はどこにある?

現在、皇室の鴨場《かもば》は、埼玉県越谷《こしがや》市大林にある「埼玉鴨場」と、千葉県市川市湊にある「新浜鴨場」との二ヵ所にある。

「埼玉鴨場」は面積一一万五五〇〇平方メートルあり、明治四十一年(一九〇九)の開設。

「新浜鴨場」は面積三二万三四〇〇平方メートル、明治二十六年の開設である。

両鴨場には、それぞれ約一万二〇〇〇平方メートル(約四千坪)の池があり、毎年八月の終わりになると野鴨の群れが遠くシベリア・米国・カナダなどから渡って来て、翌年五月初めまで棲息している。

その数は一万羽を越え、種類もオナガガモ・ヒドリガモ・マガモ・コガモなど十数種を数える。カモの捕獲方法は、オトリのアヒルを使って引堀に誘導させ、驚いて飛びあがる瞬間を〝叉手網《さであみ》〟を使ってすくい取るという、大名家に古くから伝わる猟法で、カモを傷つけることなく捕獲する方法を採用している。

宮内庁埼玉鴨場の正門(埼玉県越谷市)

明治以降、皇室が鴨場をもつようになって以来、例年十一月半ばから翌年二月にかけて、在日外交官や閣僚・国会議員・最高裁判事などが招待されてきた。とくに狩猟をスポーツとして愛好する外国人は、毎年の鴨猟を楽しみにしている。

昭和四十七年以降、自然保護の見地から、捕えた野鴨は記録をした後、足首に標識をつけ放鳥している。こうすることによって、鴨の分布状況の調査にも協力している。

鴨猟に招かれた人たちは、ここで鴨スキの招待を受ける。鴨スキに使われる肉は、アヒルとマガモの交配種である合鴨の肉で、別に飼育されているものである。

なお、宮内庁鴨場の職員たちは、埼玉県および千葉県から鳥類保護員に委嘱され、鴨場周辺の鳥類の保護監視も兼ねている。

現代

天皇が「米」をつくり、皇后が「蚕」を育てるのは？

皇居・吹上《ふきあげ》御苑近くにある生物学御研究所のわきに、一二三〇平方メートルの水田がある。

毎年五月末から六月初め、陛下はこの水田で田植えをされている。〝農民と同じ苦労と収穫の喜びを身をもって味わおう〟というお考えから始められたもので、ワイシャツの腕をまくられ、ゴム長靴にソフト帽といういでたちで水田に入られる。

苗を植える作業は、陛下にとって、かなりの重労働と思えるのだが、陛下は田植えのシーズンになると「もうそろそろ田植えをしようか」と催促されるという。

また、植物や動物についてお詳しいだけに、稲の生長についても専門的な知識がおありだ。

例年、もち米の〝マンゲツ〟と、うるちの〝ニホンマサリ〟の二種の苗を五株ずつ二面の田にお植えになり、この水田の稲の収穫は、陛下が稲刈りをされて保存され、十月十七日に行われる伊勢神宮の神嘗祭《かんなめさい》に供えられ、さらに十一月二十三日の新嘗祭《にいなめさい》に、皇居の神嘉殿に供えられる。

皇后さまも、皇居の紅葉山にある御養蚕所で蚕を育てていらっしゃる。皇室の養蚕の歴史は古く、第二十一代の雄略《ゆうりやく》天皇の頃、養蚕の記録が『日本書紀』に残っている。

現在も続けられているご養蚕は、明治四年（一八七一）から昭憲皇太后が始められたもので、歴代皇后さまが引き継がれ、毎年五月初め〝ご養蚕始め〟が行われ、七月初め〝ご養蚕納め〟となる。

田植えをされる昭和天皇（昭和63年）

ここでとれたマユ玉は、長野県繊維工業試験場に届けられ、白羽二重《しらはぶたえ》や一越《ひとこし》ちりめんなどの白生地の製品になって、皇后さまのお手元に戻ってくる。皇后さまはこの絹反物を皇族妃などへの贈物に使われている。

現代

「特別お召列車」の編成とダイヤはどうなっている?

地方へご旅行の際のお召列車は、主として昭和三十五年製の第一号特別列車を使われていたが、現在は新幹線を使われることが多い。

新幹線の場合、特別列車がないため一般車輌のグリーン車を使われている。普通十六輌編成のうち前後五輌分が、随員・随行員によって使用される。毎年おいでになる那須・須崎御用邸、多摩陵へのご参拝へお出かけの電車は、原宿駅宮廷ホームから出発するが、この特別電車は昭和三十五年製造の〝クロ型〟と呼ばれる車輌で、電車の窓は電動式で開閉できる二重強化ガラスでできている。

車体は赤みがかったクリームと赤に塗られ、五輌編成。

中央の車輌が両陛下用のお召車で、お使いになる時に車輌の中央部に、金色の菊の御紋章がとり付けられる。

車内には楕円型のテーブルとソファ・回転椅子・備えつけのテレビがあり、洗面所がついている。窓際にはお見送りの人や沿道の人にお答えになるように手すりが付けられている。

陛下のお召列車は、最優先されており、ダイヤは特別な符ちょうがつけられている。

昭和四十九年、東アジア反日武装戦線によるお召列車爆破作戦が明るみに出て以来、お召列車のダイヤは、機密事項として取り扱われている。

現代

天皇と皇后は、お互いに何と呼んでいる？

昭和五十九年一月二十六日、昭和天皇・香淳《こうじゅん》皇后両陛下は、ご成婚六十年のダイヤモンド婚をお迎えになったが、陛下は、そのご感想の中で香淳皇后の内助の功についてふれられた。

「皇后がいつも朗らかで家庭を明るくしてくれ、私の気持ちを支えてくれたことを感謝している。一緒に出かけることが少なくなっているが、これからもそろって出かける機会を考えていきたい」

皇后は、「六十年間、陛下のそばで過ごすことができたことを幸せに思っています。これからも陛下がお仕事に精をお出しになれるよう、お手伝いをしていきたいと思います」と語られた。

公式のお言葉やご感想などでは、陛下は「皇后」と呼ばれ、皇后さまも「陛下」と言われているが、お互いをお呼びになる時は、陛下は皇后さまを「良宮《ながみや》」とお呼びになる。皇后さまのお名前である「良子《ながこ》」から、こうお呼びになっている。皇后さまは、陛下を「聖上《おかみ》」とお呼びになっている。ご結婚以来六十年、これは、お変わりになっていない。

よくお二人で散歩にお出かけになった折など、道が悪いと陛下はうしろをふり返って「良宮、そこは道が悪いよ」とやさしい声をおかけになることがある。

昭和五十九年九月二十五日から二泊三日の予定で、天皇・皇后両陛下は福島県の猪苗代湖《いなわしろ》沿岸にある翁島《おきなじま》を中心に旅行されたが、ご成婚六十年の記念に、新婚時代を過ごされた思い出の地を再訪されることになった。

現在の天皇陛下は皇后さまを「美智子」とお呼びになっておられ、皇后さまは天皇陛下を「陛下」とお呼びになっている。

現　代

皇室の生計費はいくらかかる？

皇室にかかわる経費である皇室費には、「内廷費」と「皇族費」と「宮廷費」がある。

天皇ご一家の生計費は、このうちの「内廷費」で、平成十二年度の内廷費は三億二千四百万円で、「内廷費」は、天皇・皇后・皇太子・皇太子妃・敬宮・紀宮の、内廷にある皇族方を含めた六方の日常の生計費で、内廷費として支出されたものはお手元金となり、宮内庁の経理する公金ではない。昭和四十九年二月十九日の衆議院内閣委員会で公表された内廷費の内訳によれば、人件費が三三パーセントを占め、残り六七パーセントが物件費となっている。物件費のうち、服装・身の回り品が一八パーセント、食事関係（親族や縁故者を招いての宴会費などを含む）が一三パーセント、災害見舞・交際費が一〇パーセント、教養・研究旅行費が七パーセント、神事七パーセント、諸雑費一二パーセントとなっている。

人件費は、天皇家の私的使用人である神事にたずさわる掌典、内掌典（宮中三殿

海洋生物を採集される昭和天皇

の祭祀に奉仕）などのほか、生物学御研究所の職員などがいる。内廷費のうちで、両陛下や皇太子ご一家が自由にお使いになれる金額は、このうちのわずかで、陛下が生物学関係の研究書をお買いになる時も、「買ってもいいか」とよくご相談になられるという。

「皇族費」は皇族としての品位保持の資に充てるためのもので、秋篠宮、常陸宮、高松宮、三笠宮、寛仁親王家、桂宮、高円宮の各宮家の歳費にあたる。独立の生計を営む親王は、当主一人につき年額三千五十万円（妃殿下は半額、成年に達した皇族は当主の十分の三、未成年の皇族は十分の一となっている）である。

平成八年度の総額は三億六百五十三万円となる。

儀式・国賓公費などの接待・行幸啓・皇族の外国ご訪問などに使われる「宮廷費」は六十四億二千四百七十五万円。

現代

天皇や皇族の出版印税収入・講演料はどうなる?

世界的にも著名な生物学者である昭和天皇は、数多くのご著書がある。

天皇陛下のご著書としては、『日本産一新属一新種の記載をともなうカゴメウミヒドラ科 Clathrozonidae のヒドロ虫類の検討』(昭和四十二年、保育社刊)

『相模湾産ヒドロ珊瑚類および石珊瑚類』(昭和四十三年、丸善刊)

『天草諸島のヒドロ虫類』(昭和四十四年、保育社刊)

『カゴメウミヒドラ Clathrozoon Wilsoni Spencer に関する追補』(昭和四十六年、保育社刊)

『小笠原群島のヒドロゾア類』(昭和四十九年、保育社刊)

『紅海アカバ湾産ヒドロ虫類五種』(昭和五十二年、保育社刊)

『伊豆大島および新島のヒドロ虫類』(昭和五十八年、保育社刊)

とあり、陛下が他の学者とまとめられた著書としては、

『那須の植物』(昭和三十七年、三省堂刊)

など四冊。陛下ご採集の資料や標本などをもとに他の学者がまとめた著書は、『相模湾産後鰓類図譜』（昭和二十八年、岩波書店刊）など十一冊におよんでいる。これらの著作による印税は、「私的経済行為であり、皇室経済会議などの議決を要しない」とされており、印税収入・納税などの手続きは、すべて宮内庁経済主管の名前で行われている。

昭和天皇の場合、印税収入はすべて生物学ご研究の費用にあてられたり、著書の現物で受け取られ、世界各国の学者や図書館、研究所などに贈られていた。陛下は講演をなさったことがないから、講演料をお受け取りになったことはない。

現代

「秋篠」「常陸」「三笠」「桂」「高円」と宮家が五家しかないのは？

皇室は、天皇および皇族で構成されている。

皇族の方々は、内廷の皇族と、その他の皇族に分けられる。内廷にある皇族とは、皇后・皇太子・皇太子妃・敬宮《としのみや》愛子内親王をいう。

その他の皇族とは、秋篠宮ご夫妻・常陸宮ご夫妻・三笠宮ご夫妻・三笠宮寬仁《ともひと》親王ご夫妻・桂《かつら》宮宜仁《よしひと》親王・高円宮妃・三笠宮彬子《あきこ》女王・瑤子《ようこ》女王・高円宮承子《つぐこ》女王・典子《のりこ》女王・絢子《あやこ》女王・秋篠宮眞子《まこ》内親王・佳子《かこ》内親王・悠仁《ひさひと》親王の十八方。

皇族が成年に達し独立の生計を営み、新しく宮家を創立される際に、天皇からいただく姓としての称号を「宮号」という。「宮号」は、古くは皇室に縁のある地名・御殿名・入室寺院名などを用いられていた。

秩父宮・三笠宮・高円宮の各宮号も、秩父連峰や大和の名峰〝三笠山〟〝高円山〟にちなんだ宮号である。

常陸宮の常陸も、古くから皇室と縁の深い地方の名からとられたもの。

高松宮は大正天皇第三皇男子で、幼称は光宮《てるのみや》と称された。

明治三十八年（一九〇五）一月三日ご誕生。八歳になられた大正二年（一九一三）七月、大正天皇のご沙汰によって高松宮家を創立した。

この宮号は、後陽成《ごようぜい》天皇第七皇男子好仁親王が創設されたが、途中で有栖川宮《ありすがわのみや》と改称された。以来約三百年を経て、高松宮を再興させられ、これまで断絶していた有栖川宮家の祭祀をも合わせて継がしめられたが、昭和六十二年（一九八七）に薨去。喜久子妃も平成十六年（二〇〇四）に亡くなられ、高松宮家は断絶した。

現代

皇族が身分離脱するとき支給される一時金はいくら？

皇室経済法は、成年に達した皇族が独立して生計を営む場合の一時金などを定めている。

この金額は、インフレの世相などに伴い多少の変動もあるようだが、皇族費の定額があり、「独立生計を営む時」は定額の二倍、「皇族の身分を離れる場合」「内親王のお嫁入り」などは、元皇族の品位を保持するためという名目で、定額の十倍を持参金として出費している。

三笠宮家から近衛《このえ》家に臣籍降嫁したご長女甯子《やすこ》内親王の場合は、内廷の皇族ではないこともあったが、当時の皇族費の九倍が算出されている。

皇族が身分を離脱した最大のものとしては、昭和二十二年（一九四七）十月、GHQの勧告によって、旧皇族十一宮家の五十一方が自主的に皇籍を離れた。

東伏見・山階《やましな》・伏見・賀陽《かや》・久邇《くに》・朝香《あさか》・梨本《なしもと》・東久邇《ひがしくに》・北白川・竹田《たけだ》・閑院《かんいん》の各宮家で、このときも、皇室経済会議によって「元皇族の品位を保つに必要な費用」として一時金が支払われた。

このときの一時金の額（各一人分）は、宮家の当主の王が百五十七万五千円、その他の王が百五万円、内親王は七十五万円、親王妃が百十二万五千円、王妃・女王が各五十二万五千円で、総額が四千七百四十七万五千円だった。

皇族から平民になる一時金。いわば皇族の〝退職金〟といえるかもしれない。

現代

皇室会議に参加するメンバーは？

皇室の重要事項を審議する最高機関である皇室会議（「皇室典範」第五章）の構成は、皇族二名（現在は、三笠宮、三笠宮妃）・衆参両院正副議長・内閣総理大臣、宮内庁長官・最高裁判所長官・判事の十名によって構成されている。議員の任期は四年、別に会議予備議員が十名いる。審議案によって総理大臣が議長として各議員を召集し、宮内庁において開催する。表決は三分の二以上と過半数以上必要の場合とがある。

審議事項としては、

① 皇位継承順位の変更（「皇室典範」第三条）

② 立后及び皇族男子の婚姻（同第十条）

③ 皇族の身分の離脱（同第十一条）

④ 摂政の設置及び廃止（同第十六条、第二十条）

⑤ 摂政の順序変更（同第十八条）

となっている。

戦後第一回の皇室会議が開かれたのは、昭和二十二年（一九四七）十月で、皇族五十一方、十一宮家の皇族離脱を決めた。

第二回目は、昭和三十三年十一月二十三日で、皇太子と正田美智子嬢とのご結婚を決めた。

昭和三十九年二月、常陸宮と津軽華子嬢とのご結婚、三笠宮寛仁親王と麻生信子嬢とのご結婚を決めた時なども皇室会議によった。

最近では、平成五年一月十九日に、皇太子徳仁《なるひと》親王と小和田雅子嬢のご結婚を決めた。戦前には皇族会議というものがあった。

現　代

皇族の女性は「摂政」に就任できない？

「摂政《せっしょう》」については、「皇室典範」第十六条に「天皇が成年に達しないときは、摂政を置く。また、天皇が精神若しくは身体の重患又は重大な事故により、国事に関する行為をみずからすることができないときは、皇室会議の議により、摂政を置く」と定められている。

その順位は〝成年に達した皇族〟で、

①　皇太子又は皇太孫
②　親王および王
③　皇后
④　皇太后
⑤　太皇太后

⑥ 内親王および女王

となっている。

皇族の場合でも「親王妃」「王妃」は摂政になることを除外されていて、就任できないことになっている。いわば天皇の直系でなければならないわけだ。

摂政は天皇の名で、その国事に関する行為のみを行う。

「この場合には、日本国憲法の定める国事に関する行為のみを行い、国政に関する権能を有しない」(「憲法」第四条)とされる。

「摂政は、その在任中、訴追されない。但し、これがため、訴追の権利は、害されない」(「皇室典範」第二十一条)とされている。

現代

外国に出かける天皇や皇族のパスポートは?

昭和天皇の外国ご旅行は、三回あった。

最初のご旅行は大正十年(一九二一)、皇太子時代のヨーロッパご訪問。

次は、昭和四十六年（一九七一）十月の皇后さまとご一緒のヨーロッパ七ヵ国ご訪問。そして、昭和五十年十月のアメリカご訪問があるが、いずれも国賓としてのご訪問で、国際慣習によってパスポート（旅券）やビザ（通行査証）はお使いになっていない。

来日する各国の国賓の場合も、パスポートを必要としないことになっている。ただし、これは両陛下にだけあてはまるもので、皇太子をはじめ、各皇族の外国旅行の場合は、ビザやパスポートが必要となる。

皇族が使うパスポートは、一般のパスポートと異なり外交官用のパスポートで、外交官や国会議員などが公務として旅行する場合と同じあつかいとなる。

英国留学時の皇太子徳仁《なるひと》親王殿下も、この外交官用のパスポートをお持ちになっている。

旅券の記載事項は、一般の旅券と何ら変わることがないが、官職の欄には〝皇族〟として〝メンバー・オブ・インペリアルファミリー〟と記載されており、関税などはフリーパスと決められている。

各皇族ともこのロイヤル・パスポートをお持ちになっている。

現代

天皇や皇族には「宗教の自由」はない？

皇室の宗教的信仰は神道に属し、その祭儀は、賢所《かしこどころ》・皇霊殿・神殿を中心に、各地にある山陵で行われている。戦後、昭和二十年（一九四五）十二月十五日、GHQの「信教の自由と政教分離」の指令により、皇室の祭儀はすべて天皇家の私的行事としてとり行われるようになった。

しかし皇族は、とくに神道をその信仰とすることになっており、成年式・ご結婚式などの儀式は、皇室の信仰の中心である宮中三殿に奉告することになっている。また、伊勢神宮および各山陵にも奉告することになっている。

昭和三十三年十一月、皇太子の結婚を決める皇室会議の折に、当時の岸信介首相が議長として〝正田美智子嬢はカソリックの学校を出ておられるが、洗礼を受けておられるのか？〟とただしたことがあったが、〝洗礼は受けておられない〟という回答を受けて、満場一致で決定した経緯がある。

皇室では、伝統としての宮中祭祀が中心となる「神道」が守られている。

「皇族」はこのほかに「皇位についたり、摂政になられるご身分」とあって特殊な法律上の取り扱いを受けておられる。

また、「敬称」を用いられることについても、次のように定められている。「皇后」「太皇太后」「皇太后」は特に「陛下」の敬称を、皇太子をはじめ他の皇族については「殿下」の敬称を用いる（「皇室典範」第二十三条）。

皇太子妃を決めた皇室会議（昭和33年11月27日）

なお、皇族は一般の姓（苗字）をお持ちにならない。

さらに、「天皇及び皇族は、養子を迎えることができない」（「皇室典範」第九条）。

婚姻については、「皇室典範」第十条によって、皇族男子が結婚するには皇室会議の議を経なければならない、とある。

また、皇族女子の場合は、「十五年以上に達し、その意思に基き、皇室会議の議により、皇族の身分を離れる」（「皇室典範」第十一条）などと定められている。

現代

明治時代以降、臣籍降下した皇族の「姓」は？

〝臣籍降下《しんせきこうか》〟とは、皇族から一般平民の仲間入りをされることに対する戦前の皇室用語である。

戦前は皇族の増加を防ぐために、とくに「王族」の二男以下は天皇の〝勅旨〟または本人からの請願などによって臣下へ降《くだ》る内規があった。二十歳の成年に達した皇族が、侯爵または伯爵に列し、皇室から一時金である〝内帑金《ないど》〟をいただき、一家を創立することが多かった。「賜姓降下《しせいこうか》」ともいい、古くは敏達《びたつ》天皇の玄孫葛城《かつらぎ》王が「橘宿禰諸兄《たちばなのすくねもろえ》」の姓を賜ったのが、そのはじまりといわれている。

明治期から昭和二十年（一九四五）までに臣籍降下した皇族は、

侯爵・小松輝久（北白川宮能久《よしひさ》親王第四男子）
侯爵・久邇邦久（久邇宮邦彦王第二男子）
侯爵・華頂《かちょう》博信（伏見宮博恭王第三男子）
侯爵・筑波藤麿（山階《やましな》宮菊麿王第三男子）

伯爵・鹿島萩麿（同第四男子）
伯爵・葛城茂麿（同第五男子）
伯爵・東伏見邦英（久邇宮邦彦王第三男子）
伯爵・伏見博英（伏見宮博恭王第四男子）
侯爵・音羽正彦（朝香宮鳩彦《やすひこ》王第二男子）
伯爵・宇治家彦（久邇宮多嘉王第二男子）
伯爵・龍田《たつた》徳彦（同第三男子）

などがあげられる。

現代

昭和天皇は競馬の馬券を買ったことがある？

皇太子時代の大正十年（一九二一）三月三日から六ヵ月間、昭和天皇は〝見聞を広め、欧州各国との親睦を深める目的〟で初めてヨーロッパ訪問の旅へお出かけになった。お召艦「香取《かとり》」での船旅である。スエズ運河から地中海を通り、これからいよいよ大西洋に入ろうという四月三十日、お召艦はジブラルタルに入港した。同地のドリアン総督の案内で上陸された殿下は、一行とともにノース・フロント競馬場へ招待された。

観覧席に着くと、一行に加わっていた当時のアメリカ欧州艦隊司令長官ニブラック中将が、紙切れに次のレースの出走馬の番号を書き入れ、殿下と一行に示して「このなかからお好きな番号をお選びください」と勧めたのだった。ニブラック中将のこの私製の馬券は、単調な船旅を続ける殿下や一行をお慰《なぐさ》めするための思いやりであった。殿下も番号の書かれた札を一枚選ばれて観戦された。

やがて号砲一発、各馬いっせいにスタート。観衆の声援の中、ゴールに飛び込んだ馬は、何と殿下が選ばれた番号の馬だった。

「殿下おめでとうございます」

ニブラック中将は笑顔を浮かべて「このレースに賭けておりましたら、これが殿下のお受け取りになるべきものです」と言って、数枚の金貨をお渡しになった。

殿下はちょっと困ったような表情をされたが、その場ではお受けになった。競馬場からお帰りになってから、殿下は小栗孝三郎中将（第三艦隊司令長官）をお呼びになり、「勝ち馬の番号を当てただけで賭けたわけではないのだから」とニブラック中将に返すようにとコインをお渡しになった。殿下が競馬をされたのは、このときが最初にして最後のご体験。

のちに、この皇太子時代のヨーロッパご旅行について、昭和天皇は「初めて人間としての自由を知った」と懐かしそうに回想されている。

現代

天皇・皇后が園遊会を主催するようになったのは?

毎年春と秋の二回、天皇・皇后両陛下のお招きによる園遊会が催される。会場となる赤坂御苑は、迎賓館の裏手にあたる面積約四九万五〇〇〇平方メートルの地。かつては紀州徳川家の中屋敷があった庭園で、〝西園《さいえん》〟と呼ばれ江戸三大名園のひとつに数えられた。池を囲んで緑の芝生が広がり、春にはツツジ・サツキ・菖蒲《しょうぶ》が、秋には菊・サザンカ・寒椿《かんつばき》などが美しく色どりを添える。明治五年(一八七二)に皇室に献上されたが、戦後は国に移管された。

園遊会の起源は、明治十三年十一月に行われた観菊会、翌年四月に行われた観桜会とされている。会場も浜離宮、新宿御苑などで行われたこともあった。昭和十一年（一九三六）頃から戦局に追われ、一時中断された。戦後、昭和二十八年十一月、園遊会として復活した。招待者が増えたため昭和四十年から春の園遊会も行われるようになった。

招待客は夫人同伴で、当日午後一時頃から赤坂御苑に参集する。男性はモーニング、紋付羽織袴、正服などに威儀を正し、女性はアフタヌーンドレス、白襟紋付、訪問着などに妍《けん》を競う。緑の芝生の各所にテントが張られ模擬店が設けてある。テーブルには、カナッペ、サンドイッチ、ちまきずしが並べられ、焼鳥やジンギスカンを焼く匂いが漂う。ビール、ウィスキー、日本酒、パンチなどがサービスされる。

宮内庁楽部が演奏する雅楽が会場に流れる。午後二時過ぎ、会場中央の三笠山に天皇陛下がお着きになると、皇宮警察音楽隊による〝君が代〟が演奏される。陛下は皇太子ご夫妻ら各皇族を従え、式部官長の先導で会場をまわられる。陛下は、お通りになる道筋の両側に並んだ招待者たちに気さくにお声をかけられる。

このときの陛下の軽妙な会話がよく話題になる。

陛下は約一時間ほど会場をまわられたのちお帰りになるが、招待客たちは、おみやげに虎屋の銘菓〝菊形残月〟の菓子折をいただいて帰っていく。

現代

園遊会の招待客は、どうやって選ばれる？

園遊会は〝天皇・皇后両陛下のお催し〟によるもので、招待状は宮内庁長官によって発送される。招待者は衆参両院正副議長、内閣総理大臣、各閣僚、最高裁長官をはじめ司法・立法・行政の各機関、都道府県の知事、議会議長、地方自治体の長、各界功績者などとなっている。

秋の園遊会には、駐日大使夫妻ら外国使節団も加わる。天皇陛下が主催されるといっても、招待者のリストをつくるのは宮内庁ではなく、各関係省庁に推薦を依頼してつくる。

昭和四十七年、グアム島で発見された横井庄一元日本兵が帰国した時に「園遊会に招待したら」という声が上がったことがあった。元日本兵の事務を取りあつかう厚生省が「まだその時期では……」と躊躇《ちゅうちょ》しているうちに立ち消えになってしまった。

招待者にとって最高の名誉であることから、選挙が近くなると政治家の推薦が増えるという噂もある。ある時期、総理の出身地である地元の招待者が異常に増えて物議をかもした例もあった。招待者の中には〝時の人〟としてマスコミの脚光を浴びる人もいる。宮内庁と宮内記者会が、政治色・宗教色のないことなどを条件に数人を選び、陛下のお言葉をいただくことにしている。

こうしたなかには、ホームラン世界新記録で国民栄誉賞の王貞治巨人軍選手（昭和五十二年秋）、タレントの黒柳徹子さん、柔道の山下泰裕選手（昭和五十七年春）、俳優の上原謙氏（昭和五十八年秋）などがいて、マスコミを通じて話題となった。

平成十四年十月に行われた秋の園遊会では、「日韓親善大使」をつとめた女優の藤原紀香さんやサッカーワールドカップ日本代表チームの松田直樹、明神智和両選手など各界の功労者約千八百人が招かれた。プライベートでも何度か訪韓した藤原紀香さんに天皇陛下が「随分親善を進めてこられたでしょう」とねぎらわれると、藤原紀香さんは「十二月三十一日まで任期ですので、これからも頑張りたいと思います」と答えていた。

現代

昭和天皇が生物学の研究を始められたのは？

昭和六十年八月、那須御用邸ご滞在中、昭和天皇が生態調査のために宇都宮大学の研究グループが放ったアキアカネ（赤とんぼ）を見つけられ、侍従を通じて報告。生態調査にご協力なさった——というニュースが伝えられた。

生物学者として高名な昭和天皇は、世界的にも知られている。英国の伝統あるリンネ学会の名誉会員であり、英国王立協会（ロイヤル・ソサエティ）の名誉会員としても登録されている。

生物学の研究について「わたしのは、いわば〝三つ子の魂、百まで〟の結果で、学習院初等科の頃、沼津で貝を集め、伊香保で昆虫採集をしたりしたのが病みつきになり、興味を持ち続けているうちにこうなった」（昭和四十八年九月の記者会見で）

と陛下は語られている。

明治末期の皇孫時代、弟宮の秩父宮殿下らと一緒にひと夏、伊香保御用邸で過ごされたとき、オオムラサキを二羽採集され、「あまり嬉しかったので、提灯行列をした」と話されたことがある。大正七年（一九一八）、沼津御用邸の海岸で採集されたエビの一種は、寺尾新博士によって「シンパシフェア・インペリアリス・テラオ」（学名）で学界に発表された。戦時中は軍部から「ご研究の時間があったら、もっと軍務に励んで頂きたい」という声が出て、一時ひかえていらしたこともあった。

戦後、研究も再開されて、忙しい公務の合間のひとときをあてられている。毎週月曜と木曜の午後と土曜日は、皇居内にある生物学御研究所に通われて、ヒドロゾア（腔腸動物門の第一綱）などの海洋生物の研究を熱心に続けていらっしゃった。

また、毎年春と夏にお出かけになっていた那須御用邸や須崎御用邸では、植物調査や付近の海洋生物を採集されて調査を続けられた。これらの成果は『伊豆大島および新島のヒドロ虫類』（昭和五十八年）、『伊豆須崎の植物』（昭和五十五年）、『相模湾産蛇尾類』（昭和五十七年）などの著書におさめられている。

現　代

皇族の教育はなぜ学習院で行われるのか？

「学習院」の起こりは、幕末の弘化二年（一八四五）仁孝天皇の勧学の遺志にしたがって幕府を説き、公家衆の教育を目的として「学習所」を設けたところから始まる。嘉永二年（一八四九）に孝明天皇から勅額「学習院」を下賜されて、その名が定められた。勅額は右大臣近衛忠熙《ただひろ》の筆によるもので、現在も学習院に保存されている。この時代を「京都学習院時代」と呼んでいる。

大政奉還後、明治天皇にしたがって、東京へ移ってきた公家は華族となり、華族のための教育機関として華族学校が開設されることとなった。宮内省から学校用地として神田錦町一丁目の御用地を下賜され、さらに年間一万五千円のお手許金を十年間にわたって下賜された。開学式は明治十年（一八七七）十月のことで、明治天皇が臨席されて勅諭を下され、学習院が正式に決まった。その後、四谷尾張町に女子部が移り、さらに目白高田町に中高等科が開設され、大正天皇をはじめ、各皇族、華族の通うことが義務づけられた。昭和天皇、香淳皇后もこの学習院に学ばれた。

神田錦町にあった学習院

戦後の昭和二十二年（一九四七）、皇室会、宮内省官制などが廃止されて、学習院は「財団法人」となり、私立学校として再出発することとなった。再出発にあたり宮内省から学習院に対して、土地、建物の他に三百十八万円が贈られたのは、これまでの皇族の教育に対する謝礼の意味もあった。昭和二十二年来日した当時の皇太子御付の英語家庭教師E・G・ヴァイニング夫人は、学習院でも教壇に立った。天皇陛下は、学習院幼稚園から初等科、中等科を経て高等科を卒業後、学習院大学の法学部政経学科へ通われ、学生馬術部主将として大会で活躍された。

昭和三十八年、戦後廃止されていた幼稚園が再開されたのは、翌年入園される浩宮徳仁親王をお迎えするためであった。これは皇室の教育機関として役割を意識してのことだったと思われる。戦後は一私立学校として一般への門戸を開いているが、皇族を迎える姿勢は変わらず続いている。

現代

宮様の名前はどうやってつけられる?

平成十三年十二月一日に誕生された敬宮《としのみや》愛子《あいこ》さまの「命名《めいめい》の儀」は、ご誕生七日目に行われた。皇居・宮殿表御座所「菊の間」で、天皇陛下から湯浅利夫宮内庁長官に「内親王の名前と称号を授ける」旨のお言葉とともに、名記《めいき》が下賜された。

「名記」とは、縦五三センチ、横六六センチの大高檀紙《おおだかだんし》を二折にしたもので、新宮のお名前と称号が陛下の筆で書かれたもの。湯浅長官から勅使《ちょくし》(天皇のお使い)となる渡辺允侍従長に渡され、勅使として渡辺侍従長が東宮御所へ届けた。

名記は菊の御紋章のついた黒塗りの文箱におさめられ、袱紗《ふくさ》がかけられて古川清東宮大夫の手をへて皇太子殿下がごらんになった時間に合わせて、宮内庁総務課長から正式に発表された。

これらの儀式は、旧皇室令を踏襲した方法で、この後、名記は宮内庁病院の雅子さまがごらんになった後、東宮女官が敬宮愛子さまの枕元に飾られた。皇居・宮中三殿では「皇霊殿・賢所・神殿に命名奉告の儀」が行われ、元宮内庁次長の森幸男氏と中町芙佐子《なかまちふさこ》元東宮女官が皇太子ご夫妻の代拝をした。

新宮の名前、称号の選定は、東宮妃の懐妊が発表された直後、宮内庁書陵部が過去の皇族の名前などを調査して資料を作製した上で、宮内庁長官が三人の勘申者《かんじんしゃ》(お名前の選定に係《かかわ》る役)として、鎌田正《かまたただし》東京教育大学名誉教授・米山寅太郎《よねやまとらたろう》静嘉堂文庫長・秋山虔《あきやまけん》東京大学名誉教授に依頼し、候補を三つに絞ってもらい、天皇陛下のもとへ届けられていた。これまでの慣わしに従って、天皇陛下から新宮の名前と称号が下された形式をとったが、最終的に皇太子ご夫妻に決定をゆだねられた。この理由について、天皇陛下は平成十三年十二月十八日に行われた記者会見で、

「名前というものは、やはり両親が最も深くかかわることが望ましいと思っています。ですから、そのような過程が一番良いのではないかと考えてそのようにしました」

と話され、これまでの命名に際して「内うちに相談があった」と明らかにされた。

現　代

現在使用されている御用邸はいくつ？　その設備は？

現在使用されている御用邸は、「那須御用邸」「葉山御用邸」「須崎《すざき》御用邸」の三ヵ所。

「那須御用邸」は、JR那須塩原駅から車で約三十分ほどの栃木県那須町湯本、那須高原の海抜六八〇メートルの台地にある。総面積一二二三万四七〇〇平方メートルという広大なもので、大正十五年（一九二六）七月に竣工。昭和天皇の摂政宮時代の完成である。

建物は、木造二階建ての本邸、附属邸など七一五二平方メートル。御料地内には、櫻鳴亭《おうめいてい》・澄空亭《ちょうくうてい》・清森亭《せいしんてい》などの休所が点在している。庭内には、かつてゴルフをされた昭和天皇のために、九ホールのショートコースがあったが、いまはない。邸内には大丸温泉の源泉から湯が引かれている。

「葉山御用邸」は、神奈川県葉山町一色にあり、明治二十一年（一八八八）、英照皇太后のご静養のために建てられた最も古い御用邸である。附属邸には大正天皇が崩御され昭和天皇が践祚された「剣璽渡御《けんじとぎょ》の間」が残されていたが、現在は本邸内に移されている。

総面積は九万五〇〇〇平方メートル余。昭和四十六年、放火によって本邸が焼失したが、十年後に総工費五億円をかけて再建し、鉄筋コンクリート二階建てのモダンな洋館に生まれ変わった。附属邸跡は葉山町に下賜され、「しおさい公園」として一般に公開されている。

「須崎御用邸」は最も新しい御用邸で、昭和四十六年、元三井家の別荘だった相模湾に面した高台を購入して建てられたもの。

敷地面積は三八万四〇〇〇平方メートル余。鉄筋コンクリート二階建ての本邸の他に附属邸があり、とくに耐震工事がほどこされている。海水をくみ上げるポンプを備えた研究室もあり、これは海水生物を研究されていた昭和天皇のためにつくられたもの。附属邸は、以前から三井家別荘としてあったものを改修したものが、皇太子ご一家のご滞在用として使用されている。

庭内にはパッションフルーツなど、柑橘《かんきつ》類の樹木も多く栽培され、飲料として利用されている。また、蓮台寺《れんだいじ》温泉からパイプで湯が引かれている。

現代

天皇陛下と皇后陛下が世界的に貢献されたご研究とは？

天皇陛下は、これまでお忙しい公務の合間をぬって、長年にわたってハゼ科魚類の分類学を研究されてきた。魚類学会会員として学会誌である『魚類学雑誌』などに多くの論文を発表されている。昭和五十九年に『日本魚類大図鑑』、平成五年『日本産魚類検索』の共同執筆にも加わっておられる。魚類学の業績によって、一九八六年英国ロンドン・リンネ協会の名誉会員に、九一年はロンドン動物学会の名誉会員に推されている。九八年には英国王立協会（ロイヤル・ソサエティ）から、科学の進歩に貢献のあった元首に贈られるキング・チャールズⅡ世メダルを初めて受賞された。魚類学者として世界的に高い評価を受けられている。

皇后美智子さまは、聖心女子大ご在学中から児童文学へのご造詣が深く、近年は世界的な組織である児童図書評議会（ＩＢＢＹ）の活動を支援されてこられた。九一年に原作を書かれた絵本「はじめてのやまのぼり」は、日英に翻訳されて出版されたが、この印税をＩＢＢＹの活動に寄贈された。九二年、詩人のまど・みちお氏の詩集をもとに、皇后さまが選詩、翻訳、編集などをされた絵本『どうぶつたち』(THE ANIMALS)や『ふしぎなポケット』(THE MAGIC POCKET)が日米で出版されると、それが参考資料となって、まど・みちお氏は国際児童図書評議会から〝子供の本のノーベル賞〟ともいわれるアンデルセン賞を受賞した。

平成十年の国際児童図書評議会のインド大会に招かれた時は、ビデオによる基調講演「子供時代の読書の思い出」と題して英語による講演が行われた。この講演は、のちに「橋をかける」と題し、各国語に翻訳されて隠れたベストセラーになっている。平成十四年九月末、スイスのバーゼル市で開かれた児童図書評議会の創立五十周年記念大会には、名誉総裁として出席され、十八分間にわたって英語でお祝いのスピーチをされた。世界から集まった児童文学者たちから大きな拍手が寄せられたが、いまや趣味の域を超えられているといえよう。

古代

前之園亮一

古代

天照大神が「女性太陽神」とされるのは？

天照大神《あまてらすおおかみ》は、高天原《たかまがはら》の最高神で、天皇家の祖先神（皇祖神）であり、伊勢神宮の内宮《ないぐう》に祀られる〝女性太陽神〟である。天照大神が女性なのはなぜだろうか。

天照大神という名は、本来の名前ではない。もとの名は大日孁貴《おおひるめむち》という。「ヒルメ」とは「太陽神の妻」の義で、「ムチ」は神や首長につける尊称である。したがって、名前の意味は「偉大な（オオ）太陽神の妻（ヒルメ）であるお方（ムチ）」ということになる。つまり天照大神は、もともと神ではなく、太陽神の妻であった。

とはいっても、女性なら誰でも神の妻になれるというものではない。巫女《みこ》だけが、神の妻となる資格をもっていた。だから、巫女には未婚ないしは独身の女性が選ばれ、人間の男性と結婚することは許されなかった。邪馬台国の〝巫女王〟卑弥呼《ひみこ》が生涯独身であり続けたのも、この掟《おきて》に縛られていたからである。

要するに、天照大神の原像は伊勢地方で崇拝されていた男性太陽神の妻であると同時に、それを祀る巫女であったのである。

ところが、祀る側の巫女の具体的印象の強大化にともない、祀られる側の男性太陽神の存在は忘れ去られ、いつしか、祀る巫女が、祀られる太陽神そのものに変化していった。

すなわち、伊勢地方で男性太陽神を祀っていた巫女の姿が、太陽神そのものへと昇格した。こうして女性太陽神としての天照大神が成立したと考えられるのである。『古事記』『日本書紀』には、天照大神が神に捧げる衣を織り、神に供する稲をつくる巫女としての役割を果たしている様子が描かれており、天照大神が神を祀る巫女であった名残りをとどめている。

元来、天照大神は伊勢の海人《あま》の間で崇拝されていた地方神であったが、五世紀以後、伊勢が朝廷の東国経略の前進基地として重視されるにつれ、その地の天照大神は、同じく太陽神信仰を有していた皇室の厚い尊崇を受けるようになり、やがて皇室の守護神の地位を得た。

そして六世紀に入ると皇室の太陽神信仰は高揚し、各地に日祀部《ひまつりべ》や日置部《ひおきべ》が置かれ、皇室は太陽神の子孫と称し、天照大神を祖先神とするにいたった。

つまり、天照大神は伊勢の地方神から、皇室の守護神となり、さらに皇室の祖先神（皇祖神）に昇格し、国家最高の神となったのである。

古代

日向が天皇家発祥の地とされるのは？

高天原の主である天照大神《あまてらすおおかみ》は、出雲の大国主命《おおくにぬしのみこと》から下界の葦原中国《あしはらのなかつくに》（日本）の支配権を奪いとり、孫の瓊瓊杵尊《ににぎのみこと》に「三種の神器」を授け、下界の支配者として日向《ひゅうが》の高千穂峰《たかちほのみね》に天下らせた。

高千穂峰の所在地については、鹿児島県霧島高千穂説と宮崎県臼杵《うすき》郡高千穂説の二つに分かれているものの、いずれにしても日向国にあることに変わりはない（大隅・薩摩は日向から分かれた国）。

そののち瓊瓊杵尊は、笠紗《かささ》の岬（薩摩半島の西南端の野間岬）において大山祇神《おおやまつみのかみ》の娘木花之開耶姫《このはなのさくやひめ》に逢って結婚し、火闌降命《ほのすそりのみこと》（海幸彦《うみさちひこ》）・彦火火出見命《ひこほほでみのみこと》（山幸彦《やまさちひこ》）ら三子をもうけた。火闌降命は南九州の原住民である隼人族の祖先となり、彦火火出見命は海神の娘豊玉姫《とよたまひめ》と結婚して鸕鷀草葺不合尊《うがやふきあえずのみこと》を産んだ。鸕鷀草葺不合尊は母の妹の玉依姫《たまよりひめ》を妻として磐余彦尊《いわれひこのみこと》（神武天皇）を産み、磐余彦尊は兄や子供たちとともに日向から船出して東に向かい、苦難の末に大和を平定して最初の天皇となった。

右のように、大和からみて僻遠の地であった日向（宮崎・鹿児島県）が、天孫降臨の地、天皇家発祥の地であると『古事記』『日本書紀』に記されているのはなぜだろうか。

諸説紛々として定説をみないが、大別すると次の三つの見解にまとめることができる。一つは、天皇家が南九州に発生し、大和に東遷した史実にもとづいているとする考えである。『魏志』倭人伝にみえる「投馬国《とうま》」は宮崎県の妻《つま》地方にあり、その王が大和へ東遷して大和朝廷を開いた史実が「神武東征伝説」に反映しているという。

一方、日向国は「日に向かう国」という意味であるから、日神の子孫と称する天皇家発祥の地として最もふさわしい所と考えられたので、『古事記』『日本書紀』編纂の過程で、日向に天下る天孫降臨神や日向を出発地とする東征伝説がつくられたのであり、史実とは無関係であるという見解も有力である。

もう一つは、応神天皇は日向勢力を率いて九州から大和へ東遷して天皇となり、その子の仁徳天皇の皇后磐媛《いわのひめ》の父葛城襲津彦《かつらぎのそつひこ》は、日向の襲《そ》地方（大隅国贈於《そお》郡）の出身であり、また仁徳妃に日向髪長媛《ひゅうがのかみながひめ》がいるなど、応神・仁徳天皇が日向と密接なつながりを有していた事実がもとになって、日向の地を天皇家の発祥地とする話が作られたとする説もある。いずれにせよ天皇家発祥地に関する問題は、邪馬台国の所在地論争ともからまって古代史の難問となっている。

古代

神武天皇と崇神天皇が同一人物といわれるのは？

初代の神武《じんむ》天皇と、第十代の崇神《すじん》天皇は同一人物であるとする見解は、両者がいずれも、初代の天皇を意味する「ハックニシラススメラミコト」という称号をもつことに対する疑問にはじまる。

神武は日向《ひゅうが》から東遷して大和へ入り、先住民を平定して初代の天皇となった建国の英雄と伝えられ、『日本書紀』に「始馭天下天皇《はつくにしらすすめらみこと》」と讃《たた》えられたと記されている。

一方、崇神は四道《しどう》将軍を派遣して東海・北陸・山陰・山陽道方面にまで版図を広げ、また祭政を分離し、神祇を祀り、池溝を開いて農桑を勧《すす》め、租税の制度を整えた天皇と伝えられ、『古事記』に「所知初国之御真木天皇《はつくにしらすみまきのすめらみこと》」、『日本書紀』に「御肇《はつくに》国天皇《しらすすめらみこと》」と讃えられたと書かれている。

右のように、「ハックニシラススメラミコト」と称する天皇が二人も存在するのは確かに不可解であり、神武と崇神は同一人物ではないかという説が現われるのも無理はない。実際、この説を唱える学者は少なくなく、説くところは少しずつ異なっているが、とりまとめて述べると、次のようなものである。

「ハックニシラススメラミコト」という称は、本来、実質的に大和朝廷の建設者であり〝初代〟の天皇であった崇神に与えられたものであった。しかし、皇室の起源をさらに古く遡《さかのぼ》らせようとして、崇神の人格と事績を分割して「神武」という架空の天皇をつくり、これにも「ハックニシラススメラミコト」という称をおよぼした。したがって、神武は崇神の分身であり、もとは同一人物であったとする。

なお、この神武・崇神同一人物説に対して、神武はもとより崇神の実在も否定して、北九州から畿内に東遷したと伝えられる十五代応神天皇こそ〝初代〟の天皇であり、神武・崇神の「ハックニシラススメラミコト」という称と事績は、応神に与えられた称や事績が投影されたものにすぎないという説もある。これは神武・崇神・応神同一人物説とも呼ぶことができる見解である。

ただ、いずれの説にしても、「ハックニシラススメラミコト」という称がそれほど古くから使われていたものであるかどうかは疑問が残る。『古事記』『日本書紀』編纂のころに、新しくつくられた称である可能性も否定できないのである。

古代

『欠史八代』が葛城と県主に関係が深かったのは？

第二代綏靖《すいぜい》天皇から、第九代開化《かいか》天皇までの八代は、「欠史八代」と呼ばれている。それは、天皇ひとりひとりの事績がほとんど記載されていないからである。

欠史八代は、上表のように皇居や陵の所在地が奈良盆地西南部の葛城地方に集中し、后妃が盆地東南部に本拠を有する県主《あがたぬし》から出ている者が多いという特徴がみられる。

そのような特徴に注目して、欠史八代は葛城地

天皇	皇居	所在地
綏靖	葛城の高岡宮	御所市
安寧	片塩の浮孔宮	大和高田市
懿徳	軽の曲峡宮	橿原市
孝昭	掖の池心宮	御所市
孝安	室の秋津嶋宮	御所市
孝霊	黒田の盧戸宮	田原本町
孝元	軽の境原宮	橿原市
開化	春日の率川宮	奈良市

天皇	陵	所在地
綏靖	倭の桃花鳥田丘上陵	橿原市
安寧	畝傍山南御陰井上陵	橿原市
懿徳	畝傍山南纖沙渓上陵	橿原市
孝昭	掖上博多山上陵	御所市
孝安	玉手丘上陵	御所市
孝霊	片岡馬坂陵	大和高田市
孝元	剣池嶋上陵	橿原市
開化	春日率川坂本陵	奈良市

天皇	后妃	出身氏族
綏靖	河俣毘売	師木県主
安寧	阿久斗比売	師木県主
懿徳	賦登麻和詞比売	師木県主
孝昭	余曽多才毘売	尾張連
孝安	忍鹿比売	皇族
孝霊	細比売	十市県主
孝元	内色許比売	穂積臣
開化	竹野比売	旦波大県主

方に君臨した実在の王者であり、これを葛城王朝と呼んでよいとする葛城王朝説も提唱されている。

しかし、欠史八代は実在の天皇ではあるまい。天皇の代数をふやして天皇の歴史を古くみせかけるために、古くから大和に伝えられていた神々を天皇につくりかえたものである。欠史八代の后妃に盆地東南部の師木《しき》県主や十市《とおち》県主の出身者が多く、八代の皇居が葛城に多いのは、師木県主・十市県主が祭っていた神々や葛城地方で祭られていた神々を欠史八代の天皇につくりかえたからであり、葛城王朝というものが存在したからではない。

また欠史八代の后妃に県主出身者が多いのは、もともと神である欠史八代を宗教的性格の濃厚な県主家の女性が巫女《みこ》となって祀《まつ》り、神の妻となって「聖婚」をするという意味があり、天皇は聖なる女性と結婚の儀式をすることによって、はじめて正式の天皇になれるという考えがあったからである。八代の后妃をだした師木県主・十市県主・穂積臣《ほずみのおみ》は、みな古代の有力豪族物部《もののべ》氏の同族であるので、欠史八代とその后妃が作られた年代は、物部氏が滅亡した五八七年以前であり、物部氏が全盛の五世紀後半から六世紀前半頃であろう。

古代

神功皇后の朝鮮親征の物語がつくられたのは?

『日本書紀』によると、第十四代仲哀《ちゅうあい》天皇は筑紫《つくし》の橿日宮《かしひのみや》（福岡市東区香椎）において、南九州の熊襲《くまそ》を討とうとして神託をきいたところ、神は神功《じんぐう》皇后にのりうつり、皇后の口をかりて神託を告げた。筑紫（北九州）の西のほうに宝の国（朝鮮）があるから、無益な熊襲征伐はやめて、朝鮮を攻めとれと。しかし仲哀天皇は神託を疑い、それに従わなかったので、神の怒りにふれて天皇は急死した。

そこで神功皇后にあらためて神託がくだった。皇后はそのとき、のちの応神天皇を懐妊していたが、男装して大軍を率いて海を渡り、またたく間に新羅《しらぎ》・百済《くだら》・高句麗《こうくり》を服属させ、筑紫に凱旋した。そこで応神天皇を産み、大和へ帰還して六十九年間も摂政として天下を統治したという。

神功皇后を主人公とする朝鮮親征の物語は、かつて「三韓征伐」といわれ、すべて史実と考えられていた。しかし、一部に史実が含まれているものの、主人公の神功皇后は実在の人物ではない。では、神功皇后という架空の女性英雄による朝鮮親征の物語がつくられたのはなぜだろうか。

『古事記』『日本書紀』は、天皇統治の正当性とその発展の歴史を主張する目的でつくられたものであり、神功皇后の朝鮮親征の物語も天皇統治の拡大・発展の物語（皇権発展物語）の一齣《ひとこま》としての役割をになわされている。すなわち、初代の神武天皇が大和を平定、十代の崇神天皇は「四道将軍《しどうしょうぐん》」を派遣して版図を拡げ、十二代景行天皇とその子ヤマトタケルが全国の平定を完成し、ついで十四代仲哀の皇后神功は、海外にまで大和政権の版図を拡げたという筋書につくられている。

また、朝鮮親征の主人公が仲哀天皇ではなく、その皇后とされたのは、神功皇后の母方の祖先が新羅の王子天日槍《あめのひぼこ》であると伝えられるように、もともと皇后自身が朝鮮と関係が深かったからである。もう一つの理由は、六六一年に百済再興のために筑紫まで赴いて、筑紫の朝倉宮で陣没した斉明《さいめい》女帝をモデルにして、神功皇后の朝鮮親征の物語が作られた可能性もあるからである。

もう一つの理由は、もともと神功皇后が海と関係の深い女性であると信じられており、自ら船団を率いて出征する役柄にぴったりだったからであろう。

なお、神功皇后は架空の人物であるものの、その朝鮮出兵の物語は、三六九年に大和政権が百済の招きに応じてはじめて朝鮮に出兵した史実が含まれている。

古代

「三種の神器」に二種説があるのは？

「三種の神器」は皇位の象徴であり、歴代天皇は、即位とともにこの神器を継承してきた。しかし、神器は三種とはかぎらず、「二種」と記した例も少なくない。

三種の神器とは、天照大神《あまてらすおおかみ》が日向へ天下る瓊瓊杵尊《ににぎのみこと》に親授した八咫鏡《やたのかがみ》・草薙《くさなぎの》剣《つるぎ》・八咫瓊勾玉《やさかにのまがたま》をさすのであるが、二種説では八咫瓊勾玉をはぶき、八咫鏡と草薙剣のみとする。

『古事記』によると、神器は三種である。一方、『日本書紀』は天照大神が瓊瓊杵尊に神器を授ける箇所では三種であるが、その他の箇所では「天子の鏡剣の璽符《みしるし》を上《たてまつ》る」「武小広国押盾尊《たけおひろくにおしたてのみこと》（宣化天皇）に剣鏡を上る」「皇后（持統天皇）に神璽《かみのしるし》の剣鏡を奉上《たてまつ》る」というふうに鏡と剣の二種となっている。大宝元年（七〇一）に完成した大宝律令でも「神璽《しんじ》の鏡剣を上る」と二種である。

また、大同二年（八〇七）につくられた『古語拾遺《こごしゅうい》』には「八咫鏡、及び草薙剣二種の神宝を以て、皇孫に授け賜い、永く天璽《てんじ》となしたまう。矛・玉おのずから従う」とあって、神器は二種だが、玉はそれに付随するといい、いわば二種説と三種説の折衷説をとっている。

神器は三種か二種か、という論争があり、前者が有力である。玉・鏡・剣は弥生時代や古墳時代の遺跡からセットになって出土する例が多く、古くから支配者の権威を示すものとして、玉・鏡・剣は一組にして用いられていた。

それに玉は宝器・神器としてのみでなく、身につける装飾品としても広く愛用された。古代人はことのほか玉を好んだことから推察して、三種の神器に玉がそなわっていなかったとは考えがたい。

　それにもかかわらず、玉をはぶいて神器を鏡と剣の二種と記す例が多いのは、神器の性格と、神器献上の儀式の違いに原因がある。

神器のうち鏡と剣は公的な性格の神器で、即位式という公的な儀式の場で新帝に献上される。したがって『日本書紀』などの公的な史書には鏡・剣の献上のみが記載される。

一方、玉は天皇家の私的な神器で、内々で行われる儀式において新帝に授けられるために、公の記録には記されることはない。

つまり神器は元来三種であるが、記録に残される場合は二種と記されることが多いのである。

古代

応神天皇と仁徳天皇が同一人物といわれるのは？

第十五代応神天皇と第十六代仁徳天皇は、『古事記』『日本書紀』の系譜では「親子」であるが、両者はもともと同一人物であり、一体であって、仁徳は実在の天皇だが応神は仁徳から分化して創作された天皇であるという説がある。

この説の論拠はいくつかある。一つは、『古事記』応神天皇段の「品陀《ほんだ》の日《ひ》の御子《みこ》大雀《おおさざき》云々」という歌謡の解釈について、「品陀の天皇(応神)の子供である大雀(仁徳)」という意味に解釈する通説は誤りであり、「品陀の日の御子(応神)すなわち大雀(仁徳)」という意味に解すべきである。つまり品陀の日の御子と大雀は同一人物であり、同じ天皇の異なった呼び名である。その二つの呼び名がのちに分化して、品陀天皇(応神)と大雀天皇(仁徳)という二人の天皇のこととして伝承されたのである。

もうひとつの論拠は、応神に関する伝承と仁徳に関する伝承は、よく似たものが少なくないからである。『古事記』仁徳段の「黒日売《くろひめ》の物語」と、『日本書紀』応神紀の「兄媛《えひめ》の物語」の相似はその一つである。

前者は吉備海部直《きびのあまべのあたい》の娘黒日売が仁徳天皇に召し出されて寵愛を受けたが、皇后磐媛《いわのひめ》の嫉妬を恐れて本国に逃げ帰ってしまった。仁徳は黒日売を恋しく思って、淡路島を経て吉備に行き、黒日売と再会して歌を贈答したという筋書である。

後者は吉備臣《きびのおみ》の祖御友別《みともわけ》の妹・兄媛《えひめ》は応神天皇の妃であったが、故郷の吉備へと

伝応神天皇陵（大阪府羽曳野市）

帰っていった。応神は兄媛に会うために淡路島を通って吉備に行幸し、吉備国を分割して御友別の子供たちに与え、兄媛には織部《おりべ》を賜わった、というものである。

この二つの物語がよく似ているのは、仁徳と黒日売の物語をベースにして、応神と兄媛の物語を創作したからである。

あとひとつの論拠は、『日本書紀』は仁徳の陵を「百舌鳥《もず》野陵《ののみささぎ》」と明記しているが、応神の陵は記されていない。これは、『日本書紀』編纂者の不注意による書き落としではなく、応神は実在した仁徳天皇をもとにしてつくり出された架空の天皇だから、その陵墓を記述しなかったのである、とする。

そのほかにもいくつか根拠があげられているが、応神と仁徳はもともと一体であり、その名も元来は「品陀別《ほんだわけ》」で、のちに大雀という別称が生まれ、さらに親子関係に結ばれた二人の天皇に分化していったのだという。

古　代

仁徳天皇が「聖帝」といわれるのは？

仁徳天皇の仁政・善政の話は、『古事記』『日本書紀』に伝えられている。『古事記』によると、仁徳天皇が高い山に登って国見《くにみ》をしたとき、人民の家々から炊事の煙が立ちのぼっていない。これを見た天皇は、人民が困窮していることに気づいて、三年間、課役《かえき》の徴収を免除した。そのため宮殿は修理もできず、屋根から漏る雨をさけて生活する暮らしぶりであった。

そして三年たって国見をしてみると、国中の家々から炊煙が立ちのぼっていたので、人民が豊かになったと判断して、ふたたび課役を課した。人々は栄えて課役に苦しまなかったので、天皇の治世をたたえて「聖帝《ひじりのみかど》の御世《みよ》」といったという。同じことが『日本書紀』では、いっそう麗々しく記され、「今までに聖帝と称《ほ》めもうす」と結んでいる。

仁徳の聖帝伝説は史実なのだろうか。とくに『日本書紀』のこのあたりの文章は、中国の古い文献である『六韜《りくとう》』や『荀子《じゅんし》』の文章を借用したものであるから、史実を伝えたものか疑わしい。また、仁徳聖帝伝説は、夏《か》・殷《いん》などの王朝は聖帝からはじまって暴君が出て終わるという中国伝来の歴史観をまねて、仁徳王朝の初代仁徳を聖帝に作り、仁徳王朝最後の武烈《ぶれつ》天皇を暴君に仕立てるために創作された作り話である可能性もある。

ただし、このような疑問・批判は『日本書紀』の仁徳聖帝伝説には有効であるものの、『古事記』の仁徳聖帝伝説には通用しない（『古事記』は武烈天皇が暴君であったとは伝えていない）。それでは、『古事記』が仁徳を聖帝としてたたえたのはなぜだろうか。

それは、仁徳より前の天皇たちが多かれ少なかれ神秘的な存在であり、神話的要素を帯びているのと異なって、仁徳はそのようなものを完全にぬぐい去った最初の人間的な天皇であると考えられていたために、仁徳を人間社会の理想的な君主の第一号として位置づける必要があったからである。

古代の貴族階級も人間の社会、人の世というものは、つらく苦しいものであるという観念を抱いていた。だから本格的な人間の時代の最初の天皇である仁徳は、つらく苦しい人の世を救済する役割が期待されるわけである。ここに仁徳が聖帝に作られていく理由があった。

巨大な仁徳陵は莫大な労働力を使役しなければ出来ないから、聖帝伝説と矛盾するように思われるが、古代貴族階級の時代区分観では矛盾とはならなかった。仁徳は本格的な人代の最初の天皇であり、しかも人間は死を免れない存在であるから、人代最初の天皇には墓が不可欠になる。だから古代貴族階級は日本最大の古墳である大山古墳《だいせん》（伝仁徳古墳）を人代最初の天皇にして聖帝でもある仁徳天皇の陵墓であると考えたのである。ただし、近年は大山古墳は仁徳の墓でないと考えられている。

なお、五世紀初めの仁徳天皇の時代には、多数の中国系の府官《ふかん》が天皇に仕えていたので、儒教の徳治思想を身につけた彼らに補佐されて仁徳が中国風の聖帝をめざした可能性もある。そうだとすれば、仁徳の聖帝伝説は一部に史実が含まれているのかもしれない。

古代

雄略天皇が「大悪天皇」といわれたのは？

『日本書紀』の雄略天皇二年十月条に、次のような話が載せられている。

天皇が吉野に狩りに出かけた折、いつもはお付きの料理人に獲物でつくらせる膾《なます》を、自分でつくってみたいが、天皇がそんなことをしてもよいかどうか、まわりの者にたずねてみた。群臣は思いがけない質問にとまどい、即座に返答もできずにいた。天皇は大いに怒り、近くにいた大津馬飼《おおつのうまかい》を斬り殺した。この話のあとに、「天皇、心《みこころ》を以《も》て、師《さかし》としたまう。誤りて人を殺したまうこと衆《おお》し。天下、誹謗《そし》りて言《もう》さく、『大《はなは》だ悪《あ》しくまします天皇（大悪天皇）なり』ともうす」と記されている。また、雄略十一年十月条にも「悪行《あしく》まします主《きみ》（悪行之主）なり」と書かれている。ただし、『古事記』にはそのようなことは記されていない。

雄略天皇が「大悪天皇」とか「悪行之主」とかいわれるのは、「恒《つね》に暴《あら》く強くましましき。倏忽《たちまち》に忿《いかり》起りたまうときには、朝《あした》に見《まみ》える者は夕《ゆうべ》には殺されぬ。夕に見える者は朝には殺されぬ」というふうに、心にまかせて、ささいな事で人を殺すことが少なくなかったからである。

雄略は「伉健《たくま》しきこと、人に過ぎたまえり」といわれ、その名「ワカタケル」の「タケル」は勇ましくたけだけしいことを意味する語である。

雄略はたけだけしく荒々しい性格の持ち主であった。安康天皇の没後、兄の八《や》釣白彦《つりのしろひこ》皇子・坂合黒彦《さかあいのくろひこ》皇子、いとこの眉輪《まよわ》王・市辺押磐《いちのべのおしは》皇子・御馬《みま》皇子を次々に打倒して、激しい皇位継承の争いを勝ち抜いたのも、その勇猛な気性がものをいったのであろう。

兄弟・いとこなど有力な競争相手や、当時最大の勢力を誇っていた葛城氏を滅ぼして実力で皇位についた雄略は、かつてない強大な権力を一身に集中し大和政権の支配力を飛躍的に高めた専制君主でもあった。荒々しい専制君主は、しばしば暴君となって人々を恐怖せしめたであろう。雄略が「大悪天皇」と呼ばれた一因はここにある。

雄略天皇陵（大阪府羽曳野市）

もう一つの理由は、『日本書紀』の雄略天皇紀が大豪族や貴族の立場・観点から書かれているからである。雄略は葛城氏や吉備氏など名門の大豪族を滅ぼしたが、反対に新興の中小豪族、渡来人を重用した。『日本書紀』雄略天皇紀を記述した名門の貴族階級は、大豪族を抑えて中小豪族を優遇した雄略を批判的に書いたのである。

古代

顕宗天皇が兄の仁賢天皇より先に即位したのは？

五世紀末の顕宗天皇と仁賢天皇は、履中《りちゅう》天皇の子市辺押磐《いちのべのおしは》皇子の子で、弟の顕宗が兄の仁賢より先に即位した。顕宗・仁賢が天皇となるまでに次のような経緯があった。

父の市辺押磐皇子が皇位をめぐる争いで雄略天皇に殺されたので、顕宗・仁賢の兄弟は播磨国の縮見屯倉《しじみのみやけ》に亡命し、屯倉の牛養《うしかい》・馬養《うまかい》に身をやつして雄略の追求を逃れた。やがて雄略は死に、その子の清寧天皇が即位したが、あと継ぎがなかった。

都からやってきた久米部小楯《くめべのおだて》を迎えて縮見屯倉で新築落成の宴が開かれた折、人々は身分の高い順番に舞いを舞った。一番最後に舞った弟の顕宗は勇を鼓して、舞いながら歌によって自分たち兄弟の身分を明かした。驚いた小楯は兄弟を都に連れ帰り、兄の仁賢は清寧天皇の皇太子に立てられた。まもなく清寧が没したが、仁賢はすぐに即位せず、自分が今日あるのは弟が縮見屯倉の宴席で自分たちの身分を明かした勇気のお陰であるといって、弟に即位をすすめた。弟の顕宗は固辞したも

の の、いつまでも皇位の譲り合いを続けているわけにも兄の心に逆らうわけにもいかず、やむなく先に即位したという。

このように『古事記』『日本書紀』は、弟が兄より先に即位した特殊な皇位継承の事情・背景を皇位の譲り合いという美談でもって説明している。しかし、実際は兄弟で皇位を争い、最初は弟の顕宗が勝って皇位についたが、のちに兄の仁賢が巻き返しをはかり、顕宗を倒して即位したのではないかという疑いも生じる。皇位の譲り合いの話は、兄弟の争いの事実を隠蔽《いんぺい》するためにつくられたのであるという説が出されても不思議ではない。

実際、『日本書紀』には兄弟間の対立を暗示するような記事がみえる。それは仁賢天皇二年九月条に、顕宗の皇后難波小野王《なにわのおののおう》が自殺した不可解な事件である。

それによると、顕宗の皇后難波小野王は、宴席において皇太子であった仁賢に無礼をはたらいたことがあったので、即位した仁賢によって処罰されるのを恐れて自殺したのだという。この記事は顕宗・仁賢の兄弟の間に対立があったことを示唆しているように受けとれる。また、顕宗に子孫がいないのも、顕宗とともに仁賢に滅ぼされたために、記録に残されなかったのであろうと推測されている。

武烈天皇が乱行を重ねたのは？

『日本書紀』には武烈天皇の暴虐の数々が記されている。それは次の通りである。即位二年、妊婦の腹をさいて胎児の形を見る。三年、人のなま爪をぬいて芋を掘らせる。四年、人の頭髪を抜いて樹の上に登らせ、樹を切り倒し、落として殺す。五年、人を池の樋《ひ》に押し入れ、外に流れ出るのを矛《ほこ》で刺し殺す。七年、人を樹に登らせて弓で射落とす。八年、裸の女と馬を交接させ、それを見て沾湿《うる》える者は殺し、沾湿わざる者を奴隷とする。

在位八年間のうち、ほぼ毎年のように暴虐記事が記されている。しかし、『古事記』には一切そのようなことは書かれていないのである。武烈天皇は本当に残虐な天皇だったのだろうか。

『日本書紀』の武烈天皇紀を細かく検討すると、武烈を賞賛した箇所もある。それは「長《ひととな》りて刑理を好みたまう。法令《のり》分明《わきわき》し。日晏《くた》つまで坐朝《まつりごときこ》しめして、幽《かくれたること》柱必ず達《とおしら》しめす。獄《うたえ》を断《ことわ》ることに情《まこと》を得たまう」という冒頭の文章(A)である。

これによると、武烈は法律に明るく、世に知られずにいる無実の罪は必ず見抜いてそれを晴らし、公平な裁判を行った名君といえる。

ところが、不思議なことにこの文章のすぐあとに「又、頻《しきり》に諸悪を造《し》たまう。一《ひとつ》も善《よきこと》を修《おさ》めたまはず」という暴君を表す文章(B)が続いていて、武烈に対する評価が逆転している。

なぜ同じ武烈紀の中に武烈を名君とたたえる文章と、暴君ぶりを批難する記述が続けて記されているのだろうか。その理由は、武烈は元の古い記録では、文章(A)のように名君として記されていたのに、『日本書紀』を編纂する際に、文章(B)や、数々の暴虐記事をこしらえて武烈を暴君につくり変えたからであろう。

武烈は元々名君と伝えられていたのに、暴君につくり変えた理由は、次の継体天皇の即位を正当化するためにほかならない。武烈は仁徳天皇の皇統の最後の天皇である。『日本書紀』の編者は、仁徳天皇の皇統の初代仁徳を聖帝とする一方で、最後の武烈を暴君に仕立てあげて、暴君ゆえに仁徳に始まる皇統は武烈で断絶したのであるとして、継体登場の名分を整えようとしたのである。

古代

継体天皇が新王朝の創始者といわれるのは？

『日本書紀』によると、武烈天皇が後嗣のないまま没したので、大伴金村《おおとものかなむら》らは、丹波にいた仲哀天皇の五世孫の倭彦《やまとひこ》王を迎えようとしたが失敗した。そこで次に越前（『古事記』では近江）から、応神天皇の五世孫の男大迹《おおど》王を迎えて継体天皇とし、継体は武烈の姉の手白香《たしらか》皇女を皇后として、傍系から入婿する形で皇統を継いだという。

しかし、この『日本書紀』の所伝を疑う継体新王朝説というものが提唱されている。それは、次のような説である。継体は応神天皇の五世孫というような皇族の一員ではなく、また迎えられて皇位に即《つ》いたのでもない。継体は越前地方に台頭した地方豪族であり、風雲に乗じて畿内に進出し、実力で前王朝の武烈から皇位を簒奪《さんだつ》して新王朝を開いた、と主張する。

このような説が現われる最大の理由は、応神の五世孫という出自に疑問がもたれるからである。『古事記』『日本書紀』は「応神天皇の五世孫」と記すのみで、応神から継体までの五代の系譜をすべて明示していない。よって「応神天皇の五世孫」

という出自は、継体が地方豪族から出た事実を隠蔽《いんぺい》するために、つくられたものではないかという疑いを生ぜしめるのである。

もう一つの理由は、継体は河内の樟葉宮《くすばのみや》で即位したものの、大和に入らずに樟葉宮に五年、山背《やましろ》の筒城《つつき》宮に七年、山背の弟国《おとくに》宮に八年、というふうに大和の北側を転々として、即位二十年目に初めて大和の磐余玉穂《いわれのたまほ》宮に落ちついているからである。これも継体が天皇家の血をひかない地方豪族の出身であるがゆえに、中央の豪族の中には継体を正式の天皇と認めようとしない者があり、そのため継体の大和入りが大幅に遅れたのではないかという疑念を抱かせるのである。

しかしながら、鎌倉時代に書かれた『釈日本紀《しゃくにほんぎ》』（『日本書紀』の注釈書）所載の「上宮記《じょうぐうき》」に引用された古い記録に応神から継体に至る五代の系譜が明記されているので、継体が応神の五世孫である可能性は高い。また、河内・山背を転々としたのは、その地方が継体の勢力基盤であったからにほかならず、大和入りを阻止されたとは即断できないからである。

したがって、継体は傍流ではあるが皇族の出身であり、ひろく諸豪族の支持を受けて即位したと考えてよい。前王朝とは血縁関係のない越前の地方豪族が、皇位を簒奪して新王朝を開いたのではないのである。

古代

「ヤマトネコ」の名がついた天皇が多かったのは？

「ヤマトネコ」という言葉が含まれる天皇の和風諡号《わふうしごう》（死後に贈られた和風のおくり名《な》）は少なくない。「ヤマトネコ」のつく天皇は、孝霊・孝元・開化のグループと、持統天皇以下のグループに分けられ、その中間に清寧が孤立している。ただし、孝霊・孝元・開化は架空の天皇であり、この三代は六世紀前半頃「帝紀《ていき》」「旧辞《きゅうじ》」を編纂した際に作られた天皇であるから、その「ヤマトネコ」を含む和風諡号も六世紀前半頃に一括して創作されたのであろう。

「ヤマトネコ」は天皇を表わす称号である。ヤマトは奈良県にあたる大和国をさし、ネコは首長や豪族に対する古い尊称である。したがって「ヤマトネコ」とは大和の首長を意味する称号であった。「ヤマトネコ」のほかにも地名の下にネコのついた称号を名のる豪族は少なくなかった。山背根子《やましろねこ》や難波根子《なにわねこ》などがそれであり、彼らは四世紀後半の人物である。

ところが、五世紀になると何々ネコと名のる首長はいなくなり、しかも「ヤマトネコ」は天皇だけが名のれる称号となった。また、そのころ「大王」という天皇専用の称号も成立した。こうして「ヤマトネコ」は天皇の独占する称号となり、それ以外の者が「ヤマトネコ」や「某ネコ」と称することは許されなくなった。五世紀末の清寧天皇がシラカノワカヤマトネコと呼ばれたのは、それを物語っている。

代	天皇	和風諡号
7	孝霊	オオヤマトネコヒコフトニ
8	孝元	オオヤマトネコヒコクニクル
9	開化	ワカヤマトネコヒコオオヒヒ
22	清寧	シラカノワカヤマトネコ
41	持統	オオヤマトネコアメノヒロノヒメ
42	文武	ヤマトネコトヨオオヂ
43	元明	ヤマトネコアマツミシロトヨクニナリヒメ
44	元正	ヤマトネコタカミヅキヨタラシヒメ
50	桓武	ヤマトネコアマツヒツギイヤテラス
51	平城	ヤマトネコアメオシクニタカヒコ
53	淳和	ヤマトネコアメタカユヅルイヤトオ
54	仁明	ヤマトネコアメシルシトヨサト

しかし、七世紀初めの対隋《ずい》外交では「ヤマトネコ」は用いられず、「アメタラシヒコ」という、もう一つの天皇の称号が使われた。倭根子《やまとねこ》の「倭」という字は隋側に倭人や倭国を連想させるので、対等外交をめざす聖徳太子は、これを用いることを避けたのである。

安閑・宣化朝と欽明朝の「二朝対立説」があるのは？

「二朝対立説」というのは、あらまし次のような説である。継体《けいたい》天皇の朝鮮経略の失敗に対する不満が高まって、五三一年に辛亥《しんがい》の変という宮廷クーデターが起こり、継体は不慮の死をとげ、皇太子であった安閑《あんかん》天皇はわずかに身一つをもって逃れた。この事変と同時に継体の子で、安閑・宣化《せんか》天皇の異母弟にあたる欽明《きんめい》天皇が、蘇我《そがの》稲目《いなめ》に擁立されて即位した。これに対抗して三年後の五三四年に大伴金村《おおとものかなむら》は、前皇太子の安閑天皇を皇位につけ、その没後は弟の宣化天皇を立てたので、六年間にわたって二つの朝廷が並立抗争したが、五三九年の宣化の死をもって自然と欽明の朝廷に一本化されたという。

この二朝対立説は、継体のあとは安閑・宣化・欽明の順に皇位を継承したと記す『古事記』『日本書紀』の所伝を否定するわけであるが、二朝対立説が提唱された理由は、継体の崩年や三天皇の即位年に関して、『日本書紀』その他の史料に矛盾する記事があり、皇位継承の事情に不可解な点が少なくないからである。

すなわち、継体の崩年については、『古事記』の五二七年説、『日本書紀』に引用された『百済本記《くだらほんき》』の五三一年説、同じく『日本書紀』に引用された「或本《あるほん》」の五三四年説と、三通りもある。『日本書紀』の編纂者はこのなかの五三一年説が正しいとみて、二年間の空位ののち五三四年に安閑が、翌年に宣化が、五三九年に欽明が順次即位したとしている。しかし、他の古い史料では違う。『上宮聖徳法王帝説《じょうぐうしょうとくおうおうていせつ》』によると、継体は五三一年に没し、その年に欽明が即位したことになっている。また、「元興寺《がんこうじ》伽藍縁起《がらんえんぎ》 幷《ならびに》 流記資財帳《るきしざいちょう》」でも欽明の即位は五三一年である。

仮に『上宮聖徳法王帝説』と「元興寺伽藍縁起幷流記資財帳」の所伝を認めて継体が五三一年に没し、その年に欽明が即位したとすると、継体と欽明の間に安閑と宣化が入る隙がなくなり、『古事記』『日本書紀』と矛盾をきたす。そこで、この矛盾を合理的に説明しなければならなくなった。こういう理由で案出されたのが二朝対立説である。すなわち欽明天皇の朝廷と安閑・宣化の朝廷が同時に併存したと考えれば、先の矛盾を解消できるわけである。しかし、二朝対立説は難点も少なくないので、ひろく容認されているとはいいがたい。

古代

聖徳太子が伊予の道後温泉に出かけたのは？

鎌倉時代に書かれた『釈日本紀《しゃくにほんぎ》』という『日本書紀』の注釈書に引用されている『伊予国風土記《いよのくにのふどき》』逸文《いつぶん》によると、五九六年、時に二十三歳の聖徳太子が高句麗僧の慧慈《えじ》や葛城臣《かづらきのおみ》らとともに伊予《いよ》の温《ゆ》（愛媛県松山市の道後《どうご》温泉）に来て清遊し、伊社邇波《いさにわ》の岡に石碑を建てたことが記されている。

石碑は現存しないものの、それに書かれていた碑文は『伊予国風土記』に載録されている。

道後温泉にはそののち、舒明《じょめい》天皇が皇后（のちの皇極・斉明天皇）と一緒に訪れている。斉明天皇は六六一年にも、百済《くだら》救援のために九州へ向かう途中に道後温泉に立ち寄り、「熟田津《にぎたづ》に船のりせんと月待てば潮《しお》もかないぬ今は漕《こ》ぎ出《い》でな」という歌を『万葉集』に残している（この歌は額田王《ぬかたのおおきみ》の作という説もある）。熟田津は、松山市の三津浜《みつはま》あたりの地といわれている。

ところで、聖徳太子がはるばる道後温泉までやってきたのはなぜだろうか。保養の目的だけで来たのではあるまい。ほかに二つの理由が考えられる。一つは伊予をはじめ瀬戸内海の沿岸の国々に散在する太子の領地を巡察するためであろう。聖徳太子が建立した法隆寺の歴史や財産などを記録した「法隆寺伽藍縁起并流記資財帳《ほうりゅうじがらんえんぎならびにるきしざいちょう》」によると、伊予国には法隆寺の領地が十四ヵ所もある。これらはもともと太子の領地であったのを、太子が法隆寺に寄進したものであると推測される。右の「資財帳」には、大和、河内《かわち》、摂津、播磨《はりま》、備後、讃岐《さぬき》にも法隆寺の領地の存在が記されている。これらの多くも太子から法隆寺に施入されたものであるが、太子が多くの領地を持つようになったのは、五八七年の物部《もののべ》氏滅亡に伴う物部氏遺領の分配にあずかったからであろう。

聖徳太子が道後温泉へ出かけたもう一つの理由は、将来の新羅《しらぎ》征伐や遣隋使《けんずいし》派遣の予備調査、視察旅行を行うためであろう。というのは、太子の領地の分布が大和から大阪湾・瀬戸内海沿岸の国々へ鎖のようにつながっているので、太子が瀬戸内海の水上交通と関係が浅くなかったことを物語っているからである。朝鮮半島へ大軍を出兵したり遣隋使を派遣するには、大阪湾・瀬戸内海の水路・水運を掌握する必要があったから、太子は伊予の道後温泉まで出かけたのである。

古代

有間皇子が「狂人」をよそおったのは？

有間《ありま》皇子は孝徳天皇の唯一の皇子で、母は左大臣阿倍倉梯麻呂《あべのくらはしまろ》の娘小足媛《おたらしひめ》である。『日本書紀』によると、「有間皇子、性《ひととなり》黠《さと》くして陽《うほりくるい》狂す」とあり、狂人をよそおっていたと記されている。十九歳の有間皇子はかねて狂人をよそおい、療養に行くふりをして紀伊の牟婁温湯《むろのゆ》（和歌山県白浜町の湯崎温泉）に出かけ、飛鳥に帰って老齢の斉明女帝に牟婁温湯のすばらしさを推奨したので、六五八年十月、女帝は皇太子の中大兄《なかのおおえ》皇子らを伴って牟婁温湯に行幸した。

翌月の三日、飛鳥に残った有間皇子の屋敷に留守官の蘇我赤兄《そがのあかえ》が来訪して、女帝の政治の過失をあげて非難し、女帝と中大兄皇子が紀伊へ出かけているすきに謀反をおこすことをそそのかした。名門貴族で実力者の赤兄が味方についたと思いこんだ皇子は謀反の決意を固め、五日に赤兄の家で挙兵の密議をこらして帰宅した。ところが、その夜半、赤兄は兵を起こして皇子の家を包囲した。捕えられた有間皇子とその一味は牟婁温湯に送られ、中大兄の厳しい訊問をうけた。そして、その二日後、皇子は紀伊の藤白坂《ふじしろのさか》（和歌山県海南市藤白）で絞《くび》られた。

有間皇子の変とよばれるこの事件は、蘇我赤兄を背後から操っていた中大兄の謀略であることは明白であり、まだ十九歳の若い皇子は、まんまとわなにはまったのである。

ところで、有間皇子が「狂人」をよそおったのはなぜだろうか。それは中大兄側の監視の目をごまかすためである。皇子の父の孝徳天皇は大化改新に際して天皇に立てられたものの、政治の実権は皇太子の中大兄が掌握していた。六五三年、中大兄は孝徳の反対をおしきって母親（皇極上皇）と妹の間人皇女《はしひと》（孝徳の皇后）や百官の人々をひきつれて難波から飛鳥へ帰ったので、難波宮に置きざりにされた孝徳は、失意のうちに翌年病死した。そこで中大兄は母親を再び皇位につけて斉明天皇とし、自分は皇太子となって、引き続き実権を掌握した。

しかし、孝徳の遺児の有間皇子は成長するにつれて有力な皇位継承候補と目され、中大兄のライバルになってきた。また有間は中大兄の急進的な改革に反感を抱く者たちのひそかに期待を寄せる存在でもあったから、中大兄は有間皇子に厳しい警戒の目を光らせた。

苦境に立たされた有間は、狂人をよそおって中大兄と周囲の目をあざむき、反撃の機会をうかがっていたが、陰謀にたけた中大兄に、反対に謀《はか》られてしまったのである。

古代

皇極天皇が重祚して斉明天皇となったのは？

六四一年、舒明天皇が没したので、その皇后で、中大兄《なかのおおえ》皇子（天智天皇）・大海人《おおあま》皇子（天武天皇）の生母である宝《たから》皇女が即位して皇極《こうぎょく》天皇となった。推古《すいこ》天皇に次いで二人目の女帝である。しかし、六四五年、蘇我氏滅亡事件の直後に弟の孝徳《こうとく》天皇に譲位した。これは最初の譲位である。

それより十年を経た六五五年に孝徳が没したので、皇極上皇は飛鳥板蓋宮《あすかのいたぶきのみや》で重《ちょう》祚《そ》（再び即位すること）して、斉明《さいめい》天皇となった。これはわが国で初めての重祚であり、この女帝は一人で譲位と重祚の二つの先例を開いたことになる。また、重祚の場となった飛鳥板蓋宮は、十年前の蘇我入鹿《いるか》暗殺の舞台であり、女帝が位を退いた宮殿であった。

すでに六十二歳の老齢に達していた女帝が重祚したのは、女帝自身の意思によるものではなかった。長男の中大兄の要請によって即位したのである。中大兄は叔父の孝徳の即位と同時にその皇太子となり、大化改新政治の主導権を握った。しかし、やがて中大兄と実権のない孝徳との間に反目が生じ、六五三年には孝徳の反対をおし切って、中大兄は母親の皇極上皇と妹間人《はしひと》皇女（孝徳天皇の皇后）や重臣・百官をひきつれて難波《なにわ》から飛鳥へ帰った。難波にとり残された孝徳は、失意のうちに世を去った。

次はすでに三十歳になっていた中大兄の即位が予想されたが、中大兄は天皇という責任ある地位にあるより、皇太子のままで政治を自由に切りまわすことを望んでいた。そこで、自分の望みどおりに政治の一切をまかせてくれる母親の皇極に重祚を要請したのである。老齢の皇極は今さら皇位につくことをためらったであろうが、わが子のために再び即位して斉明天皇となったのである。

もう一つの理由は、中大兄に恨みを残して死去した孝徳天皇の遺児で、有力な皇位継承候補と目されていた有間《ありま》皇子の即位を阻止するためであろう。中大兄に反感を抱く有間は中大兄の急進的な改革に反対する人々がひそかに期待を寄せる存在であった。中大兄は中継ぎの天皇としてひとまず斉明を立てておいて、その間に有間をおとしいれる機会をつくろうと考えたのであろう。

六五八年、中大兄の思わくどおり有間は中大兄の謀略にはめられて処刑された。その結果、中大兄に対する反対派の力は弱まり、斉明天皇をいただく中大兄の権勢、指導力は一段と強化されたのである。

古代

天武天皇が「大王は神にしませば」といわれたのは？

『万葉集』巻十九に、「壬申《じんしん》の年の乱の平定しぬる以後《のち》の歌二首」として、

「大王《おおきみ》は神にし坐《ま》せば赤駒《あかごま》の匍匐《はらば》ふ田井《たゐ》を都となしつ」

「大王は神にし坐せば水鳥の多集《すだ》く水沼《みぬま》を都となしつ」

という歌がみえる。

前者は壬申の乱の将軍であった大伴《おおともの》御行《みゆき》の作で、歌の大意は「天皇（天武天皇）

は神でいらせられるから、赤毛の馬がはって歩くような泥田をも、たちまち立派な都（飛鳥浄御原宮《あすかきよみはらのみや》）となされた」という内容である。後者は作者未詳で、歌の大意は「天皇は神でいらせられるから、水鳥の多く集まってさわいでいる沼地を、たちまち立派な都となされた」という内容である。

右の二首は、壬申の乱の興奮のさめやらぬなかで、新しい都づくり・国づくりが力強く推《お》し進められている時代の雰囲気が伝わってくる歌であるが、天武天皇が「神にしませば」と讃仰されたのはなぜだろうか。

天智天皇の没後、六七二年に天智の弟の大海人皇子《おおあま》（天武天皇）と天智の長男大友皇子《おおとも》とが皇位を争う壬申の乱がおこり、約一ヵ月間にわたる戦闘は大海人皇子の圧勝に終わった。大海人を支持して力戦した豪族たちは、大海人の飛鳥凱旋に歓喜して、英雄として迎え、ともに戦い、ともに勝利を得た英雄に非常な共感と讃嘆の念を抱いたのである。

人々の間に広がっている戦勝の興奮の中で、大海人は飛鳥で即位して天武天皇となった。それまで天智天皇と近江朝廷の政治に不満をつのらせていた人々は、ふたたび都が飛鳥にもどってきたことを喜び、新しい都と新しい国家の建設に卓抜な指導力を発揮しつつある新帝に熱い期待を寄せ、これを讃仰した。

このように、壬申の乱の勝利によって天武天皇の権威は飛躍的に高まり、上げ潮の時代の流れのなかで、天武を支持し、英雄視し、崇拝する豪族階級の間に、天武を神と観ずる意識が高まっていったのである。

そして天武の命によって編纂された飛鳥浄御原令《りょう》に、「現御神大八嶋国所知《あきつみかみとおおやしまぐにしろしめす》天皇《すめらみこと》」という呼称が定められるに至った。それは「この世に人の姿をとって現われた神として日本国（大八嶋国）を統治なさる天皇」という意味である。

古代

持統天皇が三十二回も吉野に行幸したのは？

持統《じとう》女帝は、二年三ヵ月の長きにわたる亡夫天武天皇の葬儀を終え、六八九年一月、吉野宮へ行幸した。これを初めとして、その後、七〇〇年に文武《もんむ》天皇に譲位するまでの十一年間に三十一回、譲位後に一回、合計三十二回も吉野へ赴いている。ことに六九〇年・六九三年・六九五年には、一年に五回も行幸している。吉野宮での滞在日数は短くて二日、長くて三ヵ月であるが、だいたい十日未満の場合が多い。当時の年齢でいえば老齢の女帝が、天武没後かくも頻繁に吉野へ赴いたのはなぜだろうか。

それは女帝にとって吉野は忘れがたい思い出の地だからである。六七一年十月、大海人《おおあま》皇子(天武天皇)は皇太子の地位を去り、大津京から吉野へ隠棲を余儀なくされた。その妃であった持統は幼い一人息子の草壁《くさかべ》皇子を伴い、夫とともに苦難の九ヵ月間を吉野宮で過ごした。そして、翌年六月、大海人は吉野で挙兵して壬申の乱に大勝した。このように、吉野はかつて今はなき夫、息子とともに苦難を耐え忍んだ場所であり、また天武・持統に栄光をもたらした壬申の乱の原点でもあった。

伝・吉野宮跡付近を流れる川
(奈良県吉野町)

持統の第一回目の吉野行幸は、亡夫と過ぎ去った吉野での日々を偲ぶ追憶の旅であった。ところが、その後まもなく夫につづいて最愛の一人息子であった皇太子草壁皇子を失うという悲運に見舞われた。草壁の死後、女帝となった持統の吉野行幸は急激にその回数を増していった。

吉野行幸は、天皇としてのわずらわしい政務から解放されて、身心の安息を求める目的で行われたにとどまらず、もっと現実的な理由があった。

山深い清浄な吉野の地は、霊力を身につけることのできる聖地であると信じられ、かつて天武も国家統治の力を身にふりつけるために吉野へ行幸した。天武の遺志をひきついで天皇となった持統にとっても吉野は聖地であった。

また、吉野は不老長寿の仙境であると考えられていたので、持統は長寿を求めて吉野行幸を繰り返した。

持統が健康と長寿を希求したのは、幼い孫の軽《かる》皇子（草壁王子の遺児、のちの文《もん》武《む》天皇）に将来皇位を確実にバトンタッチするためにほかならない。当時、子どもは天皇になれなかったから、軽皇子が成人するまでの間、持統は長生きしなければならなかった。もし持統に万一のことがあれば、幼い軽皇子は即位できない危険性が高いので、持統が長寿を願う気持ちは切なるものがあったのである。

奈良

中川 收

奈良

奈良時代の天皇が藤原氏を重用したのは？

光明皇太后が先帝聖武遺愛の品々を東大寺に献納したときの献物帳の目録に、「黒作懸佩《かけはき》刀一口」という記載がある。

刃の長さが一尺一寸九分のこの刀は、元来、草壁皇子が常に腰に帯びていたものであった。それが藤原不比等《ふひと》に下賜され、不比等は文武天皇即位のおり献上した。そして文武天皇が崩御されたとき、再び不比等に下賜されたが、不比等が没するこ とで首皇子《おびとのみこ》、のちの聖武天皇へ献上された、という伝世の経過が併せて記載されている。

この懸佩刀の伝世から、藤原不比等は皇位の継承について草壁皇子に後事を託されたのであるといわれている。しかし、このことについては、むしろ草壁皇子の母親である持統天皇の了解、というより強い意向が働いていたというべきである。

大化改新の功労者藤原鎌足《かまたり》の嫡子不比等は、鎌足が没したとき、わずか十歳であった。そして三年後に壬申の乱が起こり、不比等の政界進出の機会は断たれた状態にあった。この不比等を見出して重用するのが持統天皇である。持統は自分の血脈を皇嗣の正統として、その継承に精魂を傾けた。不比等はその意向に同調し、実現のために奔走したが、結果はともあれ、必ずしも政権欲のみに駆られての行動ではなかったのである。

不比等を駆り立てたものは、貴族による律令政治の実現であった。父子相承の皇統も律令国家の基盤として認識していたからにほかならない。藤原氏が政権掌握のために活動するのは、不比等の子息の代になってからである。

不比等は文武天皇即位の直後に娘宮子《みやこ》を夫人として入れたが、これはもちろん持統の了解を得てのことである。そして文武と宮子との間に生まれた首皇子に、いま一人の娘光明子《こうみょうし》を妃としたのも、発想は皇統の護持にあった。

奈良時代の盛期を担当した聖武天皇は、母親と皇后が不比等の娘であることにおいて、まさしく藤原氏の天皇であった。

この時代の天皇が藤原氏を重用したのは、ひとえに皇統によるものであり、その実態は重用したというより、寄りすがる状態に似ていたといえよう。

奈良

持統天皇が「太上天皇」となったのは？

太上天皇とは、天皇が譲位したあとの称号である。文武元年（六九七）、持統天皇は皇太子軽皇子《かるのみこ》、つまり文武《もんむ》天皇へ譲位したあと、太上天皇を称した。

持統天皇は天武天皇の皇后であった。二人の間に生まれた草壁皇子は、皇太子に立てられていたが、一歳ちがいの異母弟大津皇子は抜群の才能の持ち主で人望もあった。大津の生母は、持統の同母姉大田皇女で、天武が即位する前に亡くなっている。天武が病み、事後を皇后と皇太子に託して世を去っても、草壁がすぐ即位できなかったのは、大津を支持する動きを無視できなかったからである。そこで持統は、大津に謀反の罪をきせて除くという強硬手段をとるのであるが、当の草壁も即位することなく、ほどなくして亡くなってまった。草壁には妃の安閇《あべ》皇女（のちの元明天皇）との間に軽皇子があった。しかし、このときわずか七歳であったため、天武から政治を託されていた持統が正式に即位し、事後の問題解決に当たることになったのである。

即位した持統は、天武の第一皇子であった高市皇子《たけちのみこ》を太政大臣に任じ、当面する皇嗣問題を留保しようとしたが、この高市も急逝してしまった。当時、宮廷にはまだ天武の皇子が多く健在で、それぞれが皇位に無関心ではなかった。そこで持統は皇族や重臣と協議し、紛争のすえ軽皇子の立太子に成功する。そして自分が健在なうちに即位させ、背後から天皇の地位を守ってやろうとして譲位したのである。時に軽皇子は十五歳であった。だから文武天皇の初期の政治は、太上天皇としての持統の意向によるところが大きく、以後五年、持統が崩御するまでのこの体制の政治が続くことになるのである。

藤原宮大極殿跡より天香具山を望む
(奈良県橿原市)

この形態は、皇位の継承を確実にする面においては効力をもっていたが、天皇の地位の絶対性を失わせ、天皇の外戚が権力を振う原因ともなったことは、後世になって明らかになる。しかし、可愛い孫のため、そして自分の血統をその皇嗣に伝えたいという願望に全力を傾ける五十三歳の持統には、先行きのことなどは念頭になかったのかもしれない。

奈良

持統天皇が火葬にされたのは？

遺体を処理する方法としての火葬は、必ずしも仏教信者だけのものではない。仏教が伝来する以前のわが国においても火葬の痕跡があり、一部地域にあってはそうした風習があとあとまで行われていたことがわかっている。

ただ記録に残された火葬ということになると、やはり仏教とのかかわりある人が最初であった。すなわち、文武四年（七〇〇）三月、元興寺の僧道昭が亡くなったとき、弟子たちが遺教を奉じて火葬にしたといい、正史にも天下の火葬はこれより始まると記されている。

道昭は唐へ渡って玄奘三蔵《げんじょうさんぞう》に師事し、帰国後、禅院を建てたり諸国を旅して社会事業につとめ、人々に尊敬されていた僧であった。火葬はすでに大陸では僧侶の間に行われていたから、その方法を採用したのであろう。そしてこのことを契機にして、道昭を崇敬していた皇室の人々に火葬を望ませたのであろうといわれている。

先鞭をつけたのは、大宝二年（七〇二）十二月に薄葬を遺詔して亡くなられた持統太上天皇である。遺体は殯宮《あらきのみや》に安置され、一年後、夫であった天武天皇の檜隈大内陵に合葬するとき、飛鳥岡で火葬された。しかし、火葬にされたのは、合葬だけが理由ではなかった。合葬は古くからの風習であったし、この五年後に亡くなった文武天皇は、合葬とは無関係に火葬されている。

このあと、元明天皇はあえて大和の蔵宝山雍良峯《さほやまよらのみね》で火葬することを遺詔され、崩御の七日目に葬られている。元正天皇も初七忌に火葬され、葬られた。しかし、以後の天皇については、特に

天武・持統両天皇が眠る野口王墓
（奈良県明日香村）

記されていない。天皇以外では、聖武天皇の生母の太皇太后宮子が亡くなったとき、火葬にしたという記録があるのみである。

喪葬令《そうそうりょう》には火葬についての規定はないが、天皇もしくは天皇に準ずる者が、この時期集中して火葬されているということは、この頃の火葬の盛行が時代的な特殊なものであったことを示している。出家した聖武天皇、そして熱心な仏教信者であった光明皇后、さらには孝謙・称徳天皇も火葬でなかった。それは道昭を知らない世代であったからにほかならない。

奈良

皇太子がいたのに元正天皇が即位したのは？

文武天皇が二十五歳の若さで世を去ったとき、のち聖武天皇となる首皇子《おびとのみこ》は、わずかに七歳であった。母は藤原不比等の娘宮子である。宮子は夫人の地位にあったが、文武には石川刀子娘《とねのいらつめ》と紀竈門娘《きのかまどのいらつめ》という二人の嬪《ひん》がおり、刀子娘には広成と広世という二人の皇子がいた。文武は皇后も妃も置かなかったが、首皇子はそのときまだ皇太子ではなかったのである。

文武天皇のあとを受けて母親である元明天皇が即位した。病床の文武から要請を受け、一時は固辞したものの、皇嗣が定まっておらず即位せざるを得なかったのである。その役割は孫の首皇子へ皇位を継承することにあった。

首皇子が皇太子に立てられたのは和銅七年（七一四）で、十四歳のときである。この立太子は、広成と広世の二人の皇子の立太子権を消滅させるため、母親刀子娘の嬪号を剝奪《はくだつ》するという非常手段をとって実現されたものであった。しかし、翌年、元明は皇太子ではなく、実子で文武の姉氷高内親王に譲位したのである。元正天皇という。

これまで皇位についた女性をみると、先帝の皇后か、皇后に準ずる地位の者であったが、元正の場合は先帝の系譜に連なるものの、三十七歳の独身の内親王であったことにおいて新例である。

元正が独身であったのは、元明を母としたからであろう。時として内親王でも皇位を継承する可能性があり、配偶者を持つことで皇嗣問題に混乱を引き起こすことを予測した結果の慣習化とも考えられる。だから元正の即位は新例であっても、必ずしも異状ではなかった。ただ皇太子がいるのに即位したのは、皇太子がまだ幼弱だったから、成長するまで中継的に皇位に就いたのである。

元明はそのとき五十五歳であった。そして最近とみに衰えたと述べられる。元明と首とは、祖母と孫という関係において持統と文武に同じである。その文武の即位が同じ十五歳であったのだから、首が幼弱であるということは年齢的なものではない。無理をして立太子した経過があることで、情勢に対応するのにまだ心もとない、という意味合いの幼弱であったといえよう。

奈良

藤原光明子が皇族以外で初めて「皇后」になれたのは？

令の制度によると、天皇の正妻である皇后は皇族ということになる。律令には皇后の出自に関する規定はないが、次に位置する妃は四品以上から選ばれることになっていたから、皇族を原則としていた。しかし、藤原不比等の娘である光明子《こうみょうし》が聖武天皇の皇后になってからは、貴族からも立てられるようになったのである。

聖武天皇が即位したとき、皇太子妃であった光明子は昇格して夫人になった。そしていま一人の妃県犬養広刀自《あがたいぬかいひろとじ》も嬪《ひん》、のちに夫人となっている。聖武の最初の子、井上《いのうえ》内親王の生母は、この広刀自であった。

聖武の最初の皇子は、光明子が産んでいる。この皇子は一ヵ月後、皇太子に立てられたのであるが、翌年、誕生日を直前にして世を去ってしまった。そしてこの年、嬪であった広刀自に皇子が誕生したのである。安積《あさか》親王とよばれたこの皇子は、皇太子に立てられる可能性が充分あった。生母の身分が光明子と同格の夫人にさえなれば、困難なことではなかったのである。

妹の光明子と結んで政界における藤原氏の勢力を拡大しようとしていた武智麻呂《むちまろ》、房前《ふささき》、宇合《うまかい》、麻呂《まろ》四人の不比等の子息は、安積親王の立太子を阻止する目的もあって、光明子を皇后に立てることを企てた。

二十八歳の光明子には、まだ皇子誕生の機会があったし、当時の皇后は政治に関与し、場合によっては、即位することもできる地位であったから、安積親王を皇太子に立てようとする動きを阻止することができると考えたからである。

しかし、令制を無視するこの行動には多くの障害が予想された。ことに時の左大臣長屋《ながや》王は、皇族であったということもさることながら、令制遵守の立場から皇女以外の立后に反対の姿勢を示すであろうことは、充分予測された。さらに、おのれを含め王子たちにも皇位継承権があったのである。

そこで藤原氏は、皇太子の夭逝をからめて長屋王に謀反の企てがある、という陰謀をでっちあげ、自尽させることに成功した。

光明子が亡き皇太子の生母であるからとして聖武天皇の皇后に立てられたのは、それからちょうど六ヵ月後、つまり天平元年（七二九）八月のことであった。

奈良

聖武天皇がたびたび遷都したのは？

九州で大宰少弐《だざいのしょうに》藤原広嗣《ひろつぐ》が反乱を起こしたのは、天平十二年（七四〇）九月のことであった。征討軍が派遣されて二ヵ月、決定的な追討の報告がないまま、聖武天皇は「おもうところあるにより関東に往かん」と、平城京を離れた。そして広嗣を捕えたという報告を行宮《あんぐう》で受けたものの、行幸は続けられ、ついに山背《やましろ》国の恭仁《くに》、次いで難波《なにわ》、さらには近江の紫香楽《しがらき》へ都を転々と遷し、平城を再び都としたのは五年後、天平十七年五月のことであった。

このたび重なる遷都は、聖武天皇の単なる気まぐれからなされたものではなかった。広嗣の反乱で動揺した聖武が、権臣の勢力争いに巻き込まれ、利用された結果が遷都という形になって現われたのである。

聖武が平城を離れようとした目的は、広嗣の乱の影響を警戒したからであるが、その平城を棄てて恭仁へ遷都することをすすめたのは、右大臣　橘　諸兄《たちばなのもろえ》であった。この地には彼の別邸があったのである。この恭仁から近江の甲賀へ路が開かれ、紫香楽に離宮が営まれた。

そして天平十五年、この地に盧舎那《るしゃな》大仏造立の事業が開始されることになるのであるが、これにはようやく政界へ進出してきた藤原仲麻呂が深くかかわっていた。仲麻呂の存在を重視した諸兄は、その動きを牽制《けんせい》する目的で難波遷都を策し、強行したのであるが、仲麻呂は大仏造立の地、紫香楽遷都という方法で巻き返しをはかった。

反対派は紫香楽を囲む山々に放火することで、その意思を表明するが、仲麻呂はこれを逆利用して平城還都を建策、目的を達し、さらに大仏造立事業までも平城京へ移してしまった。平城京は藤原不比等の意向によって営まれた都である。藤原氏の平城京なのであって、諸兄が恭仁へ遷都したのも、藤原氏の勢力否定の意図があってのことであった。

結局、この勢力争いは仲麻呂が勝利し、政局も新たな段階に入ることになったが、以来、聖武は次第に政治から離れ、仏教に傾斜していくのである。

奈良

東大寺正倉院に「薬物」が多く納められているのは？

東大寺の正倉院に聖武天皇の遺愛の品々が納められていることはよく知られているが、ここにはまた、多数の薬物類も所蔵されている。

これらの品物が正倉院にあるいわれについては、天平勝宝八年（七五六）六月二十一日付の「太上天皇の奉為に国家の珍宝等を捨てて東大寺に入るる願文」と「盧舎那仏に奉る種々薬帳」という献物帳をみればよくわかる。六月二十一日というのは、聖武の七七忌である。この日の法要は、興福寺で僧千百余人を招いて盛大に執り行われている。

願文は光明皇太后のつくられたものである。技巧をこらした美しい文章で、亡き聖武をしのぶ光明の悲しみが述べられている。そして四十九日の忌日に聖武愛好の品々を盧舎那仏へ供養として施入し、聖武のみたまの妙福と、今の孝謙天皇の寿福を願っているのである。さらに献納する品名を列記したあとに、この品物はすべて聖武が愛好したものばかりであるので、目につけばありし日を思い出して悲しみが深まるばかりであるから、これを献納して聖武の冥福を祈りたい、と心情を具体的に述べている。

一方、薬物は二十一合の漆櫃《うるしびつ》に容れられていた。そして、『種々薬帳』と略称される献物帳には、六十種の品目と数量が記載され、献納した目的を、堂内に安置して盧舎那仏に供養するとともに、もし病に苦しむ者があれば、これを与えて苦しみを救うために用いるべきである、と記している。さらにこの薬を服せば万病ことごとく除き、千苦みな救い、諸善は成就、諸悪は断却、悪事をせず、若死しないようになどとの願いをもかかげている。

だから、この薬物は聖武の遺愛の品々を献納したのとは違って、病苦の者に与え、利用してもらうためのもの、出蔵して使用することを予定しての献納であったのである。病苦の者を救うことが功徳《くどく》であって、その功徳によって聖武の冥福を祈る追善供養としてのものであった。「正倉院薬物」として現存しているものは、最近の調査で三十八品目が確認されている。そのほとんどが貴重な船載品で、今なお有効成分を保っている薬品もあるという。出蔵を記録した文書も残っており、光明皇太后の献納の趣旨はそれなりに生かされていたのである。

奈良

孝謙天皇が淳仁天皇に譲位したのは？

天平宝字二年（七五八）八月、孝謙天皇は皇太子大炊王に譲位して太上天皇となった。譲位した理由は、歳月を重ねて久しく在位していたので、今はその負担の重さに対して自分の力が微弱であることを顧みると、とてもその重任に堪えられない。それればかりでなく、母親である光明皇太后にも、人の子としてなすべき道理のごとくに仕えることができないので、胸中は日夜安らかではない。それで、この位を去って、静かな暇をつくってこそ、人の子としての道理の通りに母親に孝養を尽くすことができると思うので、というのである。

時に孝謙は四十歳で配偶者はいない。母親の光明は五十八歳、二年前に夫聖武天皇を亡くしていた。

孝謙が譲位の理由としてあげた前半、つまり天皇の任が重いということは、後年重祚《ちょうそ》している事実（称徳天皇）をみれば一種のいいわけである。しかし後半の、子として親に道理のごとく仕えたいという心境は、親子の年齢と境涯をみれば分かるような気がする。

孝謙はこの年の端午《たんご》の節会《せちえ》を止めた。父聖武が世を去ったのが五月だったから、毎年この頃になると行事をする気にならないというのである。望んだ地位ではなく、まして前年、橘奈良麻呂らの謀反未遂事件が起きていたから、ようやく落ち着いた段階で安らかになりたいという心境は真実に近いものであったと考えられる。だからといって、この譲位が孝謙の個人的発意であったとは考えられないのである。

当時、政治の実権は光明皇太后の許にあった。この光明の信任を得て藤原仲麻呂が、紫微中台《しびちゅうだい》の長官として実務に携わっていた。孝謙は天皇として、実に中途半端な存在であった。そこで仲麻呂は、政権をより確実におのれのものとするために、意のままになる天皇を立てることを願い、それを光明に要請したのであろう。

反体制派が一掃された情況を確認した光明は、自らも政界の第一線を退く決意を固め、孝謙の譲位を行った。譲位は母親である光明の要請に基づくものであった。即位した淳仁天皇は、仲麻呂の亡き子息の正室を娶り、仲麻呂の私邸に居住していたのである。

奈良

淳仁天皇が官名を唐風に改めたのは？

わずか六年の間ではあったが、令で規定された官司の称号がきわめて儒教的な意味をもつ名称に変えられたことがあった。すべての官司におよんだわけではないが、天平宝字二年（七五八）八月、淳仁天皇が即位した直後、勅命によって行われたのだから、公式のものである。

例をあげるならば、太政官は綱紀のすべてを保持して国を治めることを掌《つかさど》るので、これは天が徳をほどこして万物を生育させるようなものであるから乾政官《けんじょうかん》。太政大臣は大師《だいし》、左大臣を大傅《だいふ》、右大臣を大保《だいほう》。そして大納言を御史大夫《ぎょしだいふ》と改めた。また中務《なかつかさ》省は勅語を宣べ伝えること必ず信がなければならないから信部《しんぶ》省とし、式部省は文官の考賜をすべ掌るので文部《もんぶ》省とする。さらに弾正台は内外を糺正し、風俗を粛正《しゅくせい》するのであるから糺政台《きゅうせいだい》と改めるという具合である。

淳仁天皇陵（兵庫県南あわじ市）

改められた名辞を、儒教の政治思想にしたがってみれば、まさしくその通りと、うなずけるものばかりである。しかし、この改易が淳仁天皇個人の発想から出たものでないことは、淳仁朝の政治の実権が藤原仲麻呂によって掌握されていたことでわかる。

仲麻呂は唐風趣味ということ以上に中国的なものに対する志向が強く、その点で則天武后に私淑していたといわれる光明皇太后と合意していた。だから、この官名改易も、光明の同意をとりつけた仲麻呂が、淳仁天皇の勅として実施されたと考えられている。

官名改易の日、仲麻呂は大保に任ぜられ、さらに姓を恵美《えみ》、名を押勝《おしかつ》、そして功封三千戸、功田百町を賜った。当時、仲麻呂が長官をしていた紫微中台も坤宮官《こんぐうかん》と改められ、令制二官は神祇官が除かれて太政官と紫微中台の乾坤二官体制となった。

仲麻呂は自分の意のままになる淳仁天皇を立てて、儒教政治を志向する新体制を、宮名を改めることで公示したといえよう。有徳者を自認するおもいあがりが生みだした官名だから、仲麻呂の没落と同時に旧に復したのも当然のことであったといえる。

奈良

孝謙太上天皇が皇権を淳仁天皇と二分したのは？

近江の保良《ほら》宮から改作途中の平城宮へ、孝謙太上天皇と淳仁天皇が突然還ってきたのは、天平宝字六年（七六二）五月のことである。それから十日のち、孝謙は五位以上の官人を朝堂に召集して出家したことを告げるとともに、今後、国家の大事と賞罰は自ら行うと宣言した。

これは共同して政治をみるということではなく、淳仁の言動からすべてをまかせられないので政柄を分割するというのである。つまり、立腹された孝謙が皇権の一部没収を一方的に宣言したものであった。

分割された理由については、今の天皇はうやうやしく従うことはなく、まるで恨みを抱く下賤の者の雑言のように、言ってはならない不敬の言葉を浴びせ、なしてはならないことをしたが、そのように言われる自分ではない、と少々ヒステリックに述べている。そして結局、これは自分が愚かであることから起こるのであろうと思うと、まことに恥かしく、つらいことであると述べ、これを機に出家したというのである。

孝謙は聖武や光明とともに東大寺大仏殿前の戒壇で、唐僧鑑真《がんじん》から受戒していたから、その機縁さえあればいつでも出家できた。ただ、皇権を二分することに発展した孝謙の立腹の具体的内容については明記されていないが、時期的にみて僧道《どう》鏡《きょう》の存在をめぐってのことであったことは間違いない。

孝謙と道鏡のかかわりの最初は、保良宮で病に臥した孝謙の看病禅師として道鏡が侍した時であったというから、快癒された孝謙が、以来、道鏡を寵愛されるようになったので、淳仁が何らかの忠告めいたことをしたのであろう。そしておそらく、この忠告は道鏡に政治的野心ありとみた、時の権勢者藤原仲麻呂の意を代弁したものであった。

ところで、太上天皇である孝謙が皇権を意のままにできた権限の根拠であるが、それは聖武天皇直系の血統、この血脈の正当性の上にあった。つまり天武天皇からの皇統の最後の天皇として、先帝聖武から以後の皇位はすべてまかせられているのであるという自負からくるものであった。皇権の一分も孝謙のこうした自尊心から出たものともいえるのである。

奈良

光仁天皇の皇后だった井上内親王が廃されたのは？

宝亀三年（七七二）、光仁天皇の皇后であった井上内親王が、巫蠱《ふこ》大逆の罪に坐したという理由で、その地位を廃されるという事件が起こった。皇后が廃されるということもさることながら、天皇である夫を、まじないによって亡き者にしようとした、前例のない不祥事であった。

井上内親王は聖武天皇の第一子である。生母は夫人の県《あがた》犬養《いぬかい》広《ひろ》刀自《とじ》であった。天智天皇の孫白壁王の妃となり、宝亀元年、称徳天皇が世を去ったあと、白壁王が皇太子から即位して光仁天皇になったことにともなって、皇后に立てられたのである。光仁との間に生まれた他戸《おさべ》皇子も皇太子に立てられたのであるから、夫である光仁を亡き者にしようとした理由が見当たらないのである。

井上内親王の子、他部皇子の墓（奈良県五條市）

　強いて求めるならば、他戸皇子を一日も早く即位させたかったか、さもなくば自らが皇位を望んだということ以外に考えられない。しかし、光仁の年齢はすでに六十四歳である。事を急ぐ必要性はあまりないことから、逆に老齢の天皇であったがゆえに策謀によって皇后は廃された、とみられるのである。つまり、井上内親王が皇后であっては困る者が策した陰謀事件であった。

そこで、この事件の後に展開される情況をみると、二ヵ月後に謀反大逆の人の子が皇太子たるべきでない、という理由で他戸皇子が廃太子されて庶人となり、翌年、異母兄山部《やまべ》親王が立太子している。山部親王は後の桓武《かんむ》天皇であるが、井上、他戸親子はさらに新たな厭魅《えんみ》を行ったという理由で幽閉され、二年後に日を同じくして世を去っている。

こうしてみると、策謀の目的は井上皇后を廃することではなく、山部親王を皇位につけるために、皇太子の地位を他戸皇子から奪うことにあったことが明らかになる。そして策した者は、山部親王によって政界での勢力を拡大した藤原氏、なかんずく式家の良継《よしつぐ》や百川《ももかわ》らであったことがわかる。良継の娘乙牟漏《おとむろ》は桓武天皇の皇后、百川の娘旅子は夫人、そして淳和《じゅんな》天皇の生母となっている。

さらに、この事件が陰謀であったことは、良継が没したのち、ほどなくして井上内親王を改葬、その墳を御墓と称し、さらに桓武天皇の延暦十九年（八〇〇）、皇后位が復されていることによっても明らかなところである。

平安

井上満郎

平安

桓武天皇が遊猟を行ったのは？

桓武《かんむ》天皇は、残された文献などによると大変遊猟好きの人であったらしい。あまり娯楽のなかった時代のことではあったから、ある程度は仕方がないにしても、あまりにも多すぎるのである。

桓武天皇の遊猟は、延暦二年（七八三）から同二十三年までの間に百二十五回にわたっている。はじめの三度は延暦二年・四年・六年と間隔があいているが、同十年十月からは頻繁になり、そののち十三年間で百二十二回におよぶ。この間は一年平均で十回、およそ一ヵ月に一度は狩りに出かけていることになる。もちろん、狩猟のできないシーズンもあるから、月に何度も出かけることもあるわけで、延暦十一年閏十一月などは実に五回も遊猟を行っている。

行き先は、すべて長岡京・平安京の近辺である。桓武天皇が趣味として狩りが好きであったことはたしかであろうが、この延暦十一年の遊猟は平安新京の地の視察が目的だったのではないかとも考えられている。しかし平安遷都後も頻繁に遊猟しているから、この説は成立しない。

おそらくこの遊猟は、長岡京・平安京とその周辺の住民たちに、天皇と、天皇を頂点とする政治を印象づけようとしたものと思う。この時代の天皇はめったに都を出ることはなく、したがって、庶民にも知られた存在ではなかった。

桓武天皇

しかも山背《やましろ》国には都城の伝統もほとんどなく、庶民たちが壮大な宮殿をみることもなかった。そういう状況を変え、天皇とは偉いものだということを広く知らしめるのが、この遊猟の本当の目的であった。長い武家政治から抜け出し、天皇権力の復活した明治時代に、明治天皇が日本全国を行幸して歩いたのによく似ている。

平安

平安京時代に「平城天皇」と呼ばれる天皇がいたのは?

平城《へいぜい》天皇は桓武天皇の長男で、皇后藤原乙牟漏《おとむろ》を母として生まれた。延暦四年(七八五)に立太子し、大同元年(八〇六)に父のあとを受けて皇位についた。

しかし、在位の期間はわずかに四年で、この間にはいろんな政治が行われてはいるが、どちらかといえば悲運の天皇といえよう。四年で退位したのは、病弱のためであった。幼少のころからかなり病気がちであって、即位後のさまざまな公式業務に耐えられなかったのであろうか。三十四歳という若さであった。

ところが皮肉なもので、退位してから健康を取り戻し、再び政務をとろうとした。当然この動きは当時の嵯峨《さが》天皇と対立するわけで、都の内外に大混乱を引き起こすことになる。結局は平城天皇（上皇）が挙兵し、敗北して終わるのだが、このときに平城天皇は、平城京への遷都をもちだしている。すでに三十年も前に廃都となっていたが、その建物などは維持されていたようで、ここを再度首都にしようとした。平城天皇はこの平城宮にしばしば足を運んでおり、しかも、かつて首都であったという実績もあったから、まったく実現性のない話でもなかった。

敗北後の平城天皇の生活は、よくわからない。しかし、天長元年（八二四）の死去に際して、奈良市の楊梅《やまもも》陵に葬られたことだけはたしかで、京都を離れて平城宮で暮らしていた可能性もある。

このように、平城天皇は生まれたのももちろん平城京であるし、何よりも陵墓のつくられたのが奈良であったことから、むしろ奈良との関係のほうが深い人であった。それにちなんで平城天皇と諡《おくりな》されたのは、むしろ自然なことであるといえよう。

平安

嵯峨天皇が皇子・皇女を臣籍に降下させたのは？

嵯峨《さが》天皇が、自分の子女を臣籍に降下させたのは、弘仁五年（八一四）のことで、いわゆる嵯峨源氏はここからはじまる。

皇族が臣籍に降下するのは、むろんこれがはじめてではない。たとえば橘《たちばな》氏は、すでに奈良時代に成立しており、橘諸兄《もろえ》らが活躍した。ただこの橘氏は、県犬養《あがたいぬかいの》三千代《みちよ》という臣下が名乗ったものであり、これがその子の葛城王《かつらぎ》（諸兄）に受け継がれたのであって、嵯峨源氏の成立とは少し状況を異にする。

また、嵯峨源氏の成立は、続いて仁明源氏・文徳源氏・清和源氏・陽成源氏・光孝源氏・宇多源氏・醍醐源氏・村上源氏・花山源氏・三条源氏・後三条源氏・順徳

源氏・後嵯峨源氏・後深草源氏・亀山源氏・後二条源氏と、十七流にわたって続く賜姓源氏の出発点としても、画期的なものであった。

もっとも、これらの源氏は、その成立の動機がすべて同じというわけではない。だが、嵯峨源氏については、嵯峨天皇自らが詔を出して、その動機を説明している。

すなわち、自分には子女が多く、彼らが皇族として所領を持ち続けるということは多大の財政支出となる。そこで「親王の号」を除いて「朝臣《あそん》の姓」を与えたい、という。

そのときには、はじめは六位に叙されるから、たしかに皇族としてとどめておくよりは、はるかに財政支出は少なくてすむ。

九世紀の初頭は、蝦夷との戦いや平安京の造営などによる財政危機が押し寄せた時代である。よって、なるべく出費を少なくするという、いわば〝行政改革〟のために臣籍降下が行われたというのは、よく理解できる。

財政の再建は、まず人件費の抑制からというのは、いつの時代でも同じであったということであろう。

平安

宇多天皇が臣籍から皇位を継ぐことができたのは？

宇多《うだ》天皇は、名を定省《さだみ》という。父は光孝《こうこう》天皇（時康《ときやす》親王）、母は桓武天皇の孫・仲野親王の娘の班子女王である。れっきとした皇族にはちがいなかったが、定省親王が皇位につくということは、まったく考えられないことであった。

どういうことかというと、父の光孝天皇は、仁明《にんみょう》天皇の第三皇子であり、皇位は仁明・文徳《もんとく》・清和《せいわ》・陽成《ようぜい》と父子間で相続されていたから、父がそもそも即位する可能性のまったくない皇子であった。ところが陽成天皇が病死すると、皇嗣がなかったため、急遽、光孝天皇が即位することになった。

当時の権力者藤原基経《もとつね》の画策によるものであり、五十五歳という高齢での即位であった。

しかし定省親王は第七皇子であったし、しかもすでに源定省と名乗って臣籍に降下していたから、光孝天皇実現後も、まだ皇位とは遠い存在であった。

この定省を引きあげて天皇にしたのは、またも藤原基経であったらしい。宇多天

藤原基経の墓と伝える宇治陵
（京都府宇治市）

皇として即位した直後に、基経を日本最初の関白に任じていることからも、そのことがうかがえる。

　いったん臣籍に降下している人物を皇位につけるためには、まずそれを解除して親王籍を回復し、ついで立太子させ、さらに即位するという面倒な、また、当然敵をつくりやすい手続きが必要であった。

　それだけのことをするほど、基経は定省に肩入れしていたといえる。

　もっとも、この直後に阿衡《あこう》事件が起こった。

基経が宇多天皇の側近である橘広相《ひろみ》のつくった文章の言葉じりをとらえて、関白としての政務を放棄するストライキにでたのである。

　これは必ずしも基経と天皇との間の不仲を示すというわけではないが、このころからしっくりいかなくなったこともたしかで、基経の死後、関白を置くことはなかった。

平安

醍醐天皇の〝延喜の治〟が「仁政なし」といわれたのは？

醍醐《だいご》天皇の治世は、寛平九年（八九七）から延長八年（九三〇）までの三十数年間であった。平安時代の三十三人の天皇のうち、最長の在位期間を誇っている。しかもその政治は、後世のことではあるが、いわゆる「延喜の治」として聖代視されており、「仁政なし」という表現とはまったくなじまない。ともにかなり時代を経てからの評価ではあるが、いったいどちらが本当なのか。

この天皇の君臨する時代は、藤原氏の摂政・関白によって政治が動かされていた時代にちょうどはさまれている。俗に前期摂関政治とよばれる良房・基経らの政治、ふつうに摂関政治といわれる安和の変以後の政治、このふたつと醍醐天皇の時代を比べてみると、たしかに天皇親政ということでは〝聖代〟として意識されるに十分な内容であったともいえよう。

しかし、そうした天皇中心史観を離れて客観的にこの時代をながめてみると、たしかに「仁政なし」といわれても仕方のないような側面もある。

醍醐天皇

この時代の最大の政策は、延喜の荘園整理令であるが、これとても貴族たちの経済力の拡大という時代の流れをおさえようとしたもので、いわば〝防戦〟一方の施策であったし、いわゆる延喜の奴婢解放令の発布も、同じような路線の政治と考えてよい。積極的に時代を変え、社会を改革しようという政治には、たしかにみるべきものはない。

だからといって、醍醐天皇の治下に注目されるようなものがなかったかというと、そうではない。

『古今和歌集』のことひとつを考えてみれば、そのことはすぐに理解できるだろう。後世永く日本人の美意識の中軸となるこの歌集は、醍醐天皇の勅撰であった。日本文化の展開のうえで、きわめて重要な時代であったといえる。

平 安

平将門が自ら「新皇」を称したのは？

平将門《たいらのまさかど》は、まぎれもなく反逆者である。日本歴史のうえで、反逆者の汚名だけをきせられた人は多いが、将門の場合、疑う余地のない反逆者であった。

承平年間（九三一〜九三八）、どうも一族間の内訌から発したらしい争いは、その末年ころに激しくなり、天慶年間（九三八〜九四七）に入るころには、関東一帯を巻き込んだ大内乱となった。蝦夷との戦いを別として、藤原広嗣の乱以来まったく内乱というものを知らなかった貴族たちは、ただ慌てふためくばかりであったという。

天慶二年十月、将門はいとこであったが、敵対していた平貞盛《さだもり》と戦い、下野国府に攻め入った。それまでは一族の反目が大きくなった程度の争いだったが、ここで政府の地方官庁と将門は対立することになった。彼がそれを望んだかどうかは分からないにしても、客観的には国家・朝廷への公然たる反乱となったのである。

このような将門の反乱の質的な変化を前にして、彼のとるべき方向はふたつあっ

平将門の墓と伝える御門（三門）王墓
（茨城県桜川市）

た。ひとつは京都に攻めのぼってその政権を奪いとるか、ひとつは関東に将門政権を築くか、このどちらかである。結局、彼は後者を選んだ。

独立国をつくるとなれば、当然その中心となるべきものがいる。将門はそれを天皇に求め、自ら即位した。これが〝新皇〟を生みだした背景である。天皇があってはじめて除目《じもく》を行い、官職を任命できるのであり、独立国としての支配組織をととのえることができた。もっとも、既製の、しかも反乱を起こした当の相手と同じ天皇という存在しか思いつかなかった発想の貧しさが、彼自身を滅ぼしてしまうことになるのだが……。

平　安

冷泉天皇が「狂気の天皇」といわれたのは？

冷泉《れいぜい》天皇は村上《むらかみ》天皇の第二皇子で、母は藤原師輔《もろすけ》の娘の安子である。

この天皇は、幼少のころから異様な行動の持ち主であったという。『栄花物語』には「御けはい有様、御声つき」など、ふつうのものとはみえなかったと書かれているし、死の直前には、病臥中にもかかわらず大声で歌をうたったともいう。『大鏡』にもほぼ同様の記事がみえ、火事をみて、たからかに神楽歌《かぐらうた》をうたって万人の失笑をかったと記している。

『栄花物語』や『大鏡』は、いわばフィクションであるが、実録のうえでもこうした冷泉天皇の行動は確認できる。関白であった藤原実頼《さねより》の日記に、「放歌の御声はなはだ高し」とあり、「狂乱の君」と書かれていて、史実としてもこの天皇が当時の人々にあまりよく思われていなかったことがわかる。

これを、人々は藤原元方の怨霊のしわざと考えた。最初に冷泉天皇は第二皇子と記したが、したがって第一皇子がいたわけだ。藤原元方の娘の祐姫《ゆうひめ》を母とする広平《ひろひら》親王である。ふつうなら広平親王が即位するはずだが、師輔という最高権力者を祖父とする冷泉天皇が皇位を手中にし、元方は悲憤のうちに死去した。この元方の怨霊の祭りで冷泉天皇にもののけがとりつき、「狂乱の君」となったとされた。

当時の人々はたしかにそう考えたが、果たして天皇は心の病いだったのか。異常な行動として受け止められたことは否定できないが、病気であったかどうかは、なかなか判断が難しく、不明としかいいようがない。しかも冷泉天皇の生涯にわたる病状も分かっているわけではない。ただそれらしいふしはあり、自閉症とそれをもととした精神病であろうといわれるのは、医学史に詳しい服部敏良氏の見解である（『王朝貴族の病状診断』）。

平安

白河天皇の皇子・覚行法親王が初めて法親王となったのは？

法親王とは、出家している親王のことをいう。親王は天皇の男子で、いうまでもなく親王は俗人の呼称であるから、法親王などという呼びかたは、本来的には存在しないものであるといえる。

これとは別に、入道親王という呼び方がある。これは親王が親王籍をもったまま出家したもので、これはまだはなしがわかる。親王が自分の意志にもとづいて仏につかえようとし、出家するのであるから、すべて本人の決断による。

法親王はこれとはかなり異なり、すでに出家している、つまり俗界から離れている皇子に、天皇が親王宣下を出すのである。この宣下は本人が出すわけでないから、天皇のほうの意思によって、その意味では無理やりに親王の地位を与えるということになる。

白河天皇陵（京都府伏見区）

法親王の例がはじまるのは、覚《かく》行《ぎょう》法親王からである。外家《がいけ》が身分的に高くなかったので、幼少にして仁和寺に入り、十一歳で出家した。親王宣下を受けたのは、すでに父白河法皇の院政がはじまっていたときで、当然その背景に法

皇の力がはたらいていた。卑母とはいいながらも、本人はすぐれた能力をもってお
り、とくに文学に秀でていたというし、この子を白河法皇はかわいがった。
前例をやぶって、すでに俗界を離れているこの皇子を親王としたのには、こうした背景があった。一方で以仁王《もちひと》のように当然親王になってしかるべき皇子が宣旨を受けず、他方で親王になるはずのない人が宣下を受けているのである。歴史というのは、原理・原則どおりに進むものでないという見本のような事例といえようか。

平安

藤原多子が近衛・二条天皇と二代の后となったのは？

ある女性が、二代の天皇の后となるというのは、その現象自体は別に珍しいというわけではない。要するに、夫である天皇に死別して、再婚相手がまた天皇だった、というだけのことである。不倫というようなものでもない。
ただ、長い天皇家の歴史のうえで、先帝の皇后がもう一度ちがった天皇に入内《じゅだい》するということが、きわめて特異な例であったことはたしかであった。

むろん、これには深い理由がある。多子《たし》は左大臣藤原頼長《よりなが》の娘である。といっても、これは養子で実は藤原公能《きみよし》の娘であった。頼長の娘であるということで、近衛《このえ》天皇に入内し皇后となっている。頼長は大変有能な人物であったらしく、兄の摂政忠通《ただみち》と対抗して、政権を手中にしようとしていた。院政の全盛時代ではあったが、とにかく自分の娘を天皇に入れて皇子をもうけ、その皇子を即位させて外祖父となり、貴族階級のリーダーシップをとろうとした。結局、これは保元の乱に敗北して失敗する。

多子はいま一度、二条天皇に入内するが、その理由はよくわからない。天皇にとって義理の叔母にあたるのだが、入内した時には、まだ二十一歳の若さである。年上といってもわずか三歳年長の多子に、二条天皇は女性としての魅力を感じたのではないか。

しかし、この入内は父の後白河法皇との対立を深めることになったようである。しかも天皇の周辺に反院政の空気もかもしだされ、父子間にいさかいの種をまいた。もっとも、これは二条天皇の皇子、つまり後白河法皇の孫が皇太子になったことで、一応の和解はみたようである。

平安

以仁王に親王宣下がなかったのは？

以仁王《もちひと》は後白河天皇の皇子であり、母は権大納言藤原季成《すえなり》の娘の成子であった。いまをときめく権力者たる後白河天皇の子だったから、ふつうならば当然親王になってしかるべき人物であった。

親王とは天皇の男子をいうが、実は天皇の子なら誰でもなれるというわけではなかった。天皇の承認が必要なのであって、これを親王宣下という。だから、以仁王の場合も、ただ後白河天皇の子であるというだけではだめなのであり、親王宣下を受ける必要があった。

ところが、以仁王の母は身分があまり高くなかった。といっても権大納言の娘だから低いわけでもないのだが、藤原北家の中でも傍流の徳大寺《とくだいじ》家の出身で、むろん摂政・関白を出す家系ではない。そのために、親王宣下を得ることができなかった。

生涯、地位も低く、待遇もよくない王にとどまった。

逆に、このことが以仁王の名を高からしめる原因になったのだから、歴史とはおもしろいものである。

治承四年（一一八〇）、諸国の源氏に、平家追討の命令書を出したのである。世にいう以仁王の令旨《りょうじ》で、最勝親王と親王号を自称してことをかまえた。衰えたりとはいえ、都の中は平氏の網の目が張り巡らされていた。もし宣下を受けて一家をかまえていたら、目立ちすぎて、とてもことを起こせなかったであろうし、王という身軽な地位であったために、こうした行動をとることができたのである。

結局、以仁王自身の挙兵は実を結ぶことはなく、奈良に向かう途中で平氏の手にかかって戦死をとげるが、令旨として全国に発せられ、まかれた種はついに源義仲・頼朝による平氏政権の打倒として結実することになった。

平安

高倉上皇が行った「院政」が忘れられているのは？

院政というのは、応徳三年（一〇八六）から天保十一年（一八四〇）まで断続的に行われた朝廷の政治形態のことだが、そのなかで国家の政治として重要な意味をもったのは、応徳三年から建久三年（一一九二）までといってよい。そして、この間の院政は、白河・鳥羽・後白河という三人の上皇・法皇たちによって担われた。ところが、この間に院政をとった人物がもう一人いる。高倉《たかくら》上皇である。だから、厳密にいえば院政時代に上皇・法皇として執政にあたったのは、白河・鳥羽・後白河・高倉の四人なのだが、高倉上皇の院政は忘れさられ、高校の教科書などにもまず出てこない。どうしてなのか。

これにはもちろん理由がある。高倉上皇の院政は、きわめて特殊で、かつ短期間なのである。

彼が院政を行ったのは治承四年（一一八〇）の二月から十二月までの十ヵ月間であり、安徳《あんとく》天皇の父であることを主たる理由にしての執政であった。後白河法皇による院政は、前年十一月に平清盛によって停止されており、平氏全盛の時代ではあったが、高倉天皇による親政が行われていた。ついで安徳天皇の即位と同時に高倉は退位し、四ヵ月間空白であった院政を再開したのであった。

ところがこの間、源頼朝の蜂起を含めて諸国に反平氏の波が巻き起こった。清盛の権力によって院政は停止されたものの政治は混乱し、仕方なしに後白河法皇にその再開を求めた。養和元年（一一八一）一月にそれは実現し、一年と少しの間中断していた後白河院政が復活した。高倉院政はこの間十ヵ月間であり、かつ義理の父の清盛の権力が政治を動かしていたため、高倉上皇の院政は影が薄く、忘れられることになったのである。

平　安

六条天皇が二歳で即位したのは？

六条天皇は二条天皇の第一皇子として、父のあとを継いでわずか二歳にして皇位についた。実は第一皇子はほかにいたのだが、出家していたために、実質上の第一皇子として即位したのである。

それにしても、二歳の天皇など、日本歴史のうえにほかにみることのできない異例の存在である。もちろん政務のとれようはずもないし、五歳にして退位した。十三歳にして夭逝しているから、天皇とは名ばかりの不遇な生涯をおくったといってよい。

二歳の天皇がなぜ実現したかという点だが、これは父二条天皇が二十三歳という予想もできない若さで崩御したからである。二条天皇は後白河上皇の第一皇子で、いまをときめく院政の主の直系だった。したがって、その二条天皇が亡くなれば、長男である六条天皇の即位は、ものの順というものであった。二条天皇も若年の君主であったが、父の後白河上皇とうまくいかなかったところが多かったから、後白河は孫の成長に大きな期待をかけていたことと思う。

二歳の天皇はむろん政治家としては使いものにならないが、当時は後白河上皇の院政が行われており、六条天皇の成長を待って少しずつ院政をゆずればよいのであって、年齢と皇位は、当時においては無関係のことであった。

とにかく皇位という〝席〟を確保するために、当然のことながら本人の意志はまったく無視されて、幼児天皇が実現したのである。

もっとも、この見込みは完全に失敗した。平氏の権力が強くなり、その意向と無関係には天皇が存在できなくなったからである。

平氏一族の建春門院平滋子を母とする高倉天皇が六条天皇四歳のときに皇太子となり、ついで翌年即位して、六条天皇のごく短い治世期間は終わった。

平 安

安徳・後鳥羽天皇が同時に存在したのは？

同時に二人の天皇がいたということで、誰でも思い浮かぶのは南北朝時代であろう。これはまず常識ともいえ、とくに問題とはならない。ついで、少し歴史好きの人なら、まして古代史に興味をもっている人なら、六世紀中ごろの欽明《きんめい》天皇と安閑《あんかん》・宣化《せんか》両天皇との併立を思い出されるだろう。これを知っている人は、かなりの歴史マニアといってよい。

このふたつの例とは別に、もうひとつ、同時に二人の天皇がいた時代があった。それは平安末の源平争乱の時である。

寿永二年（一一八三）七月、木曽を出発して破竹の進撃を続けていた源義仲《よしなか》は、平氏を制圧してついに京都に入った。そこで、平氏は京都を出て西海に向かい、勢力を再編しようとした。いわゆる都落ちである。このとき、時の天皇で平清盛の孫にもあたり、平氏の血縁につらなる安徳天皇を伴っていった。三種の神器も当然天皇と一緒に京都を出たわけで、ここで日本の首都に長期間にわたって天皇がいなくな

平氏一門とともに海に消えた安徳天皇

るという、奇妙な事態となってしまったのであった。

これでは都に残された貴族たちは、政治をしようにも決裁を与える天皇がいなくて、政務の運営の方法がなくなった。もっとも当時は院政が行われていて、天皇の権限はかなり制限を受けてはいたが、困ることにはちがいなかった。

そこでこの年の八月、後鳥羽《ごとば》天皇が即位して、新たな天皇となった。即位の手続きはふまれていたものの、神器を持たないという、この時代としては異例の天皇であって、文治元年（一一八五）三月の壇ノ浦合戦で安徳天皇が死去し、神器が京都に持ち帰られるまで、二人の天皇という事態が続いたのである。

鎌倉・室町

池永二郎

後白河上皇が『梁塵秘抄』を集成したのは？

『梁《りょうじん》塵秘《ひ》抄《しょう》』は平安中期ごろから流行した今様歌《いまようう》を後白河上皇が集成したものである。神楽《かぐら》・催馬楽《さいばら》・風俗歌のような古い歌謡に対して「今様」という。和讃や雅楽などの影響を受けて起こったもので、七五調の四句から成っている。白拍子《しらびょうし》・遊女《あそびめ》などに歌われたこのような当時の流行歌は、宮廷の貴族たちにも愛誦された。しかし、一天万乗の君である後白河が、なぜこのような民衆の流行歌を集成したのだろうか。

このことは、後白河にとっては少しも奇異なことではなかった。その理由は、彼自身の著である『梁塵秘抄口伝集』第十に明らかにされている。

「十余歳の時より今に至るまで、今様を好みて怠ることなし……四季につけて折を嫌はず、昼は終日《ひねもす》に謡ひ暮らし、夜は終夜《よもすがら》誦ひ明かさぬ夜はなかりき……その間、人あまた集めて舞ひ遊びて謡ふ時もありき……あまり責めしかば喉腫れて、湯水かよひしも術なかりしかども、構へて謡ひ出したりき。或は七、八、五十日もしは百日の歌などを始めて後、千日の歌も謡ひ通してき……斯くの如く好みて、六十の春秋を過しにき……上達部《かんだちめ》、殿上人は言はず（勿論のこと）、京の男女、所々の端者《はしたもの》、雑仕《ぞうし》、江口神崎の遊女、国々の傀儡子《くぐつ》、上手は言はず、今様を謡ふ者の聞き及び、我が付けて謡はぬ者は少なくやあらむ」

『口伝』によると、集成がほぼ完成したのはすでに皇位にあった嘉応元年（一一六九）のことだという。後白河は幼時から今様に取りつかれて、皇位にふさわしくない人物と思われていた。その彼が皇位に即《つ》けたのは、鳥羽上皇のおかげである。

後白河上皇

久寿二年（一一五五）七月、兄である後白河をさしおいて皇位にあった近衛天皇が十七歳で病死した。鳥羽上皇は仲の悪い崇徳上皇の期待していた崇徳の子重仁《しげひと》親王を避け（つまり崇徳院政を妨げるために）、人々の予想に反して後白河を皇位に即けたのであった。

丹後局が「院の執権」といわれたのは？

建久六年（一一九五）三月、源頼朝は東大寺再建の供養会に参列するために上洛した。供養会終了後の二十九日、頼朝は六波羅《ろくはら》の邸に丹後局《たんごのつぼね》を招いた。『吾妻鏡』は次のように記している。

「将軍家丹後二品〈宣陽門院御母儀、旧院執権女房也〉を六波羅の御亭に招請し給う。御台所、姫君等御対面し給う。御贈物有り（以下略）」

丹後局とは延暦寺三綱法印澄雲の娘高階栄子《たかしなえいし》のことである。治承四年（一一八〇）、平氏によって鳥羽殿に幽閉されていた後白河上皇のもとに伺候《しこう》し、その寵を得た。以後、上皇最愛の寵妃として常に後白河の側近にあり、やがて皇女覲子《きんし》（宣陽門院）を産んだ。後白河上皇の寵を誇る彼女の意向は、いろいろな場で重視され、丹後局が「院の執権」といわれた。

安徳天皇が平家に擁《よう》せられて西海に赴き、都に新帝を擁立せざるを得なくなったとき、候補とされた高倉上皇の三宮と四宮のうち、四宮であった尊成《たかひら》親王のほうが践祚《せんそ》して後鳥羽天皇となったのも、彼女の意見が大きく影響したからである。

また文治二年（一一八六）、摂関家の基通《もとみち》にかわって兼実《かねざね》が摂政・氏長者《うじのちょうじゃ》になったが、氏長者にともなう家領を基通が兼実に渡さなかった。事態が紛糾した際、源頼朝は大江広元《おおえのひろもと》に家領分割の案を授けて上洛させたが、公家政権を代表して広元との折衝に当たったのは丹後局であった。

幕府が文治元年に勅許を得た地頭の設置によって多く紛争が起こった際に、大江広元と折衝して幕府側に譲歩させたのも彼女である。

後鳥羽上皇

後白河上皇は建久三年（一一九二）三月に死んだが、死に先立って莫大な遺領分与のことを後鳥羽天皇に伝えた使者もまた丹後局であった。この際、宣陽門院には、六条殿と莫大な荘園をともなう長講堂領が譲られた。

建久七年、後鳥羽天皇と土御門通親とが組んだ九条兼実《くじょうかねざね》追い落としのクーデターに、丹後局が最後の活躍をしたことは、『愚管抄《ぐかんしょう》』にも記されている。

土御門天皇の即位が卜筮によったのは？

建久九年（一一九八）正月十一日、後鳥羽天皇は皇子為仁《ためひと》親王に皇位を譲り、自らは上皇として院政を行った。この後鳥羽院政開始の筋書きを書いたのは、上皇と組んで廟堂で権勢を独占しようした権大納言土御門通親《つちみかどみちちか》であった。

通親は村上源氏久我家の嫡流内大臣雅通《まさみち》の嫡子として源平争乱期を迎え、平氏全盛期には清盛の姪に当たる平教盛《のりもり》の娘を妻として平氏の意向をうかがっていたが、平氏が西海に逃れた時は京にとどまり、後白河上皇に取り入った。

後鳥羽天皇が即位すると、天皇の乳母高倉範子と範子の前夫能円との間に生まれた在子（承明門院）の母子を迎えた。後白河上皇の近臣として彼の果たした役割は、上皇と対立することの多かった摂政（のち関白）九条兼実と鎌倉の源頼朝の勢力を極力おさえることだった。

建久六年、兼実の娘中宮任子（宜秋門院）が皇女を産んだのに対して、通親が後宮に送りこんだ養女在子は皇子を産んだのである。天皇にとっては皇子に譲位して院政を開ける機会が、通親にとっては天皇の外祖父として廟堂の実権を掌握できる機会が生じたわけである。

この年十一月二十五日、通親は廟議を主宰する上卿《しょうけい》として関白を更迭《こうてつ》し、前摂政基通を関白・氏長者とした。兼実の弟太政大臣兼房も辞表を出し、兼実の嫡子内大臣良経は籠居《ろうきょ》した。

翌々年には来るべき院御所二条殿の造営も行われ、譲位後の準備ができた。

ただ、後嗣は未定だった。天皇には在子の産んだ第一皇子のほかに、坊門信清の娘の産んだ第二皇子、高倉範季《のりすえ》の娘重子の産んだ第三皇子があった。卜筮《ぼくせい》によって選ばれたのは、このためである。

その結果、第一皇子が吉となった。兼実らは在子が僧能円の娘であったことから、僧の外孫の皇子の即位は前例がないと非難したが、通親はこれを退け、為仁親王と命名、立太子の即日譲位された。

土御門天皇

四条天皇の死後、十日間の空位があったのは？

仁治三年（一二四二）正月九日、まだ十二歳になったばかりの四条天皇が急死した。十二歳の天皇に皇子はないし、皇太子も立てておらず、男の兄弟もいないので後堀河の皇統はここに絶えた。

急なことに狼狽した摂政近衛《このえ》兼経《かねつね》以下の廷臣たちは、ただちに参内して事態の収拾に当たったが、容易に皇嗣の決定をすることはできなかった。三上皇の配流、天皇の廃位を招いた承久の乱以後、鎌倉幕府の意向を無視して皇嗣の決定はできなかったのである。

将軍頼経《よりつね》の父で宮廷の実権を握っていた九条道家はただちに鎌倉に飛脚を下して幕府の意見を求めた。道家以下多くの廷臣が推そうとしていたのは、当時まだ佐渡に配流されていた順徳上皇の子忠成《ただなり》王であった。

一方、思いがけない事態にひそかに喜んだのは、前内大臣土御門定通であった。定通の兄・故宰相中将源通宗の娘通子と土御門上皇との間に生まれた阿波院宮（邦《くに》仁《ひと》親王）がいたからである。定通の妻は北条義時の娘で、時の六波羅探題北条重時とは同母の兄妹だった。定通は一門の縁につながる阿波院宮の擁立をはかって画策し、別の使者を鎌倉に下した。

この間、朝廷では天皇の喪を秘し、焦慮《しょうりょ》しながら鎌倉の意見を待った。鎌倉の使者秋田城介義景・二階堂行義が、執権北条泰時の「阿波院宮（後嵯峨天皇）擁立」の強硬な意見を帯して上洛したのは十九日のことであった。

泰時が忠成王を忌避《ひき》して阿波院宮を選んだのは、承久の乱に際して、順徳上皇が討幕計画に積極的だったのに対して、土御門上皇は計画の表面に立っていなかったからである。民部卿平経高はその日記『平戸記』の十九日の条に次のように述べている。「異域蛮類の身を以て此の事（皇嗣の決定）を計らひ申すの条、宗廟の冥慮如何、恐るべし恐るべし」

阿波院宮は二十日に土御門殿で元服し、ただちに権大納言四条隆親の冷泉万里小路《までのこうじ》の第で践祚した。

鎌倉・室町

摂家将軍のあと、北条氏が皇族将軍を立てたのは？

建長四年（一二五二）二月二十日、鎌倉幕府の執権北条時頼と連署《れんしょ》北条重時は、二階堂行方、武藤景頼の二人に密命を授けて上洛させた。彼らが携《たずさ》えていった書状は、時頼が右筆《ゆうひつ》を使わず自ら筆を執って書き、重時が署判を加えたもので、他の幕府の有力者もこのことの内容は知らなかった、と『吾妻鏡』は伝えている。

その書状の内容は、将軍九条頼嗣《よりつぐ》を廃し、後嵯峨上皇の皇子をもってこれに代えようというものだった。

三代将軍実朝《さねとも》の横死後、北条政子が義時と図って京都から迎えて四代将軍とした頼経の父九条道家は、承久の乱後、妻の父である前太政大臣西園寺公経《さいおんじきんつね》と結んで京都の政権の実権を握った。寛元二年（一二四四）八月に公経が死んだ後は、文字通り公家政権の第一人者となっており、寛元四年に後嵯峨院政成立後、朝幕の重要事項の連絡に当たった関東申次《もうしつぎ》の地位にも道家がついていた。

幕府はこのような道家の権勢に、次第に警戒の色を強めてきた。

寛元四年閏《うるう》四月一日、前執権経時が死に、その直前に執権の地位についていた十九歳の時頼にとって代わろうとした一族の名越光時の陰謀が発覚した。

そして、背後に将軍職の地位を子頼嗣に譲って大殿とよばれ、隠然たる勢力を持っていた頼経があることがわかると、時頼は光時の一党を制圧するとともに、頼経を鎌倉から追放して京都に帰らせた。

時頼はこの事件を利用して道家の権勢を抑えることをはかり、当時はまだ六波羅探題として京都にいた北条重時と図って関東申次を西園寺実氏《さねうじ》に代えさせた。幕府と九条家との提携の時代は終わったのである。

四代将軍だった九条頼経

建長三年十二月の末、僧了行・矢作左衛門尉・長久連らの謀反が発覚し、彼らが頼経・頼嗣父子に心を寄せる人々であったことから、時頼は将軍頼嗣を廃し、後嵯峨上皇の皇子を迎えることとし、建長四年三月十七日、院の御所で三宮宗尊《むねたか》親王を関東に下すことに決したわけである。

大覚寺統と持明院統とが迭立したのは?

後嵯峨天皇は寛元四年(一二四六)に皇太子久仁《ひさひと》親王(後深草《ごふかくさ》)に譲位して院政を開いたが、上皇は正元元年(一二五九)、後深草天皇に迫って皇位を弟の恒仁《つねひと》親王(亀山)に譲らせた。

上皇は恒仁を愛し、将来は恒仁の血統に皇位を継がせたいと考えていた。やがて亀山の子世仁《よひと》親王が皇太子となり、文永十一年(一二七四)、亀山天皇は世仁(後宇多)に位を譲って院政を行った。

こうした状況に悲観していた後深草上皇に、幕府の北条時宗は上皇の子熙仁《ひろひと》親王を皇太子に立てさせた。こうして両統分立の基礎ができたのである。後深草系を持明院統、亀山系を大覚寺統という。

熙仁はやがて践祚して伏見《ふしみ》天皇となり、皇太子には皇子胤仁《たねひと》親王を立てたが、永仁六年(一二九八)、情勢は新たな展開をみせた。持明院統の策士京極為兼が失脚して佐渡に配流されたのを機に、大覚寺統は捲き返しをはかった。伏見天皇は胤仁親王（後伏見）に譲位したが、皇太子には大覚寺統の後宇多上皇の皇子邦治《くにはる》親王（後二条）が立てられた。

　このとき、幕府の周旋によって皇位には両統から交互に立てる（両統迭立《てつりつ》）という申し合わせができたようである。その後はいろいろ紆余曲折《うよきょくせつ》がありながらも、ともかく原則は守られ、大覚寺統の後二条、持明院統の花園と交互に皇位についた。

　花園天皇の代の文保元年（一三一七）に幕府が両統を仲介して協議が行われた（文保の和談）。協議の内容は、(イ)花園天皇が譲位して尊治《たかはる》親王（後醍醐）が践祚すること、(ロ)今後の在位は十年を限ること、(ハ)次代の東宮問題、であったようだが、東宮問題は紛糾した。本来なら持明院統の推す後伏見上皇の皇子量仁《ときひと》親王となるべきところ、後宇多上皇が後二条の子邦良《くになが》親王に固執したからである。

大覚寺統の祖亀山天皇

　和談はついに成立せず、翌年、花園は尊治親王に譲位したが、皇太子には邦良親王が立てられた。ここに大覚寺統が二代続くことになり、迭立の原則は崩れた。

鎌倉・室町

伏見天皇が浅原為頼に命を狙われたのは？

正応三年（一二九〇）三月四日、紫宸殿《ししんでん》前に並ぶ獅子と狛犬《こまいぬ》とが割れていた。陰陽師にこれを占わせたところ、宮中に流血の事件が起きるということであった。

果たして九日の夜、三人の騎馬の武士が内裏《だいり》に乱入し、伏見天皇の所在を求めた。甲斐源氏の浅原為頼とその子太郎、八郎の三人である。天皇の身を案じた女官の機転で、天皇は女官の姿で春日万里小路《までのこうじ》の玄輝門院御所に逃れ、皇太子胤仁《たねひと》親王も常盤井殿の後深草上皇のもとに逃れた。

やがて二条京極の篝屋《かがりや》番役の武士五十騎が駆けつけてきたので、かなわぬことを知った為頼は清涼殿の夜の御殿《おとど》の天皇の褥《しとね》の上で自害、子の太郎も紫宸殿の御帳の中で、弟の八郎も大障子の下で自害した。

六波羅の調査の結果、為頼が自害に使った刀は前参議三条実盛の家に伝わるものであることがわかり、四月八日、実盛とその子侍従公久は六波羅の手に捕えられて糺問された。

事の起こりは、皇室の持明院統・大覚寺統の分裂にあった。後嵯峨天皇の子、後深草天皇の皇統（持明院統）と、その弟亀山天皇の皇統（大覚寺統）との皇位をめぐる争いである。

後嵯峨の愛した亀山が、皇位をその子世仁《よひと》親王に譲ったので、後深草上皇は悲嘆した。それを知った執権北条時宗が周旋した結果、後宇多の皇太子に後深草の皇子熙仁《ひろひと》親王が立てられた。しかし、やがて皇位に即いた伏見天皇は、その皇太子に皇子胤仁親王を立てた。

浅原為頼が内裏に乱入して伏見天皇と皇太子を殺そうとしたのは、皇統を持明院統に奪われたのを恨んだ亀山上皇の密命によるものだという世評が広まったのは当然である。事の真相は明らかではないが、西園寺公衡は後深草上皇に、亀山上皇の遠流《おんる》を進言したという。

亀山・後宇多両上皇はともに事をおそれて誓詞を鎌倉に遣わして陳弁につとめたというが、事はそれ以上には発展せずにおさまった。

鎌倉・室町

光厳天皇が神器もないのに践祚できたのは？

正中の変の失敗にも屈せず、その後も討幕の計画を進めてきた後醍醐天皇は、元弘元年（一三三一）八月二十四日夜、計画が漏れて六波羅軍が出動することを知って、ひそかに宮中を脱出し、奈良東大寺を経て笠置山《かさぎやま》に入った。

このことを知った六波羅は、ただちに兵を出して宮中を捜索させ、天皇の信頼が厚い廷臣たちを捕縛するとともに、京都を脱出した天皇の探索にかかった。

一方、早馬の飛脚でこのことを知った鎌倉でも、承久の例にならってただちに大仏貞直《おさらぎさだなお》ら以下の大軍を進発させた。さらに、まだ笠置攻撃中の九月十八日、安達高景・二階堂貞藤を京都に派遣して皇太子量仁《ときひと》親王（持明院統後伏見天皇の皇子）の践祚について交渉させ、花園上皇の院宣によって九月二十日、土御門東洞院殿で践祚の儀が行われた。

この光厳《こうごん》天皇の践祚には、当然、神器がない。神器は後醍醐天皇が京都を脱出する際に携行したからである。天皇の象徴としての神器がなければ推戴した天皇は虚位にすぎない。この場合〈先例〉としてよりどころにしたのは「寿永の例」であった。

安徳天皇が平氏とともに神器を帯して西海に赴いたあと、寿永二年（一一八三）八月二十日、後白河上皇の院宣によって後鳥羽天皇が践祚したのである。このときは右大臣九条兼実が、「都に天子がいなければ京都の狼籍が絶えず、また平氏を追討するためにも天子が立てられなければならない」と主張した意見が容れられたのである。この先例があることは、幕府にとっても、持明院統にとっても都合のよいことであった。

光厳天皇

もちろん源平の争乱の時にも、平氏追討の際に神器を無事に回収することが最重要事とされたように、このときもやがて後醍醐天皇が捕えられると、幕府はただちに神器を光厳天皇に渡すことを強請し、十月六日、神璽《しんじ》・宝剣は六波羅から土御門殿に移された。この神器の真偽についてはまた別の問題である。

後醍醐天皇が生前に諡号をつけたのは？

後醍醐天皇は、本来、死後におくられるべき諡号《しごう》（おくり名）を、前例を無視して、生前に自ら「後醍醐」と号していた。このことは延元元年（一三三六）六月に、僧道賢が日光中禅寺妙見大菩薩に献じた銅鋺《どうわん》（日光輪王寺所蔵）に彫りつけた銘文に「当今皇帝……後醍醐院自号焉」とあることから明らかである。

平安時代の中ごろから、「延喜《えんぎ》・天暦《てんりゃく》の治」つまり平安初期の醍醐（八九七～九三〇在位）・村上（九四六～九六七在位）両天皇の治世を理想のものとする考え方が広まってきた。延喜（九〇一～九二三）は醍醐天皇の治世を、天暦（九四七～九五七）は村上天皇の治世を代表する年号である。

この時期は摂政・関白を置かず、天皇親政のもと、格式・儀式の編纂、延喜通宝・乾元大宝などの貨幣の鋳造、国史の編纂、最初の勅撰和歌集『古今集』の編纂など、政治上、文化上積極的な動きがみられた時期であった。

しかし、一方では承平《じょうへい》・天慶《てんぎょう》の乱に象徴されるような、新たな政治の矛盾が表面化してきた時期でもあった。当初、この時期を「理想の治」とたたえて喧伝したのは、摂関政治の華やかな時期に不遇だった人々である。彼らの多くは豊かな学識文才を持ちながら摂関全盛のもとで自分たちの栄達が望めない不満をもっていた。

後醍醐天皇が「延喜・天暦の治」を光輝《こうき》ある理想の聖代として望んだのは、彼自身摂関政治や院政、さらには幕府の政治への干渉を排して天皇親政の実をあげようと志したためである。そのため自ら醍醐天皇の後継者としての「後醍醐」の諡号を選びとったのである。

鎌倉・室町

後醍醐天皇陵が北を向いているのは？

延元四年（一三三九）の八月に入ってから健康をそこなっていた後醍醐天皇は、最期の時の近いことを覚《さと》って、八月十五日に皇太子義良《のりよし》親王に皇位を譲った。

北畠親房の策にしたがって再度陸奥に赴こうとしていた義良親王は、遠州灘の嵐に吹き戻され、三月に吉野に帰っていた。

『神皇正統記《じんのうしょうとうき》』には、

かねて時をもさとらしめ給けるにや、まへの夜より親王をば、左大臣（一条経忠）の亭へうつし奉られて、三種の神器を伝へ申さる。後の号をば、仰のままにて後醍醐天皇と申す、天下を治給こと二十一年、五十二歳おましましき。

と記されている。

『太平記』によると、臨終に際して枕頭にあった忠雲僧正に、

只生々世々の妄念ともなるべきは、朝敵を悉《ことごと》く亡して、四海を泰平せしめんと思ふばかり也。朕《ちん》則ち早世の後は、第七ノ宮（義良）を天下の位に即《つ》け奉りて、賢士忠臣事を謀り、義貞義助が忠功を賞して、子孫不義の行なくば、股肱《ここう》の臣として天下を鎮むべし。之を思ふ故に、玉骨《ぎょっこつ》は縦《たと》ひ南山の苔に埋るとも、魂魄《こんぱく》は常に北闕《ほっけつ》（北方の皇居）の天をも望まんと思ふ、若《も》し命を背き、義を軽んぜば、君も継体の君に非ず、臣も忠烈の臣に非じ。

という遺言があったという。

いかにも不撓不屈《ふとうふくつ》の強い意志がにじみ出ている遺言である。それは『太平記』の潤色でもあるが、「骨は縦ひ南山の苔に埋るとも、魂魄は常に北闕の天を望まん」と

いう一節は、後醍醐の意志の表現であるといえよう。

　後醍醐天皇陵が、北面すなわち京の都を望んでいるのは、この遺志の実現のためである。

鎌倉・室町

後光厳天皇の即位が女院の命によったのは？

　正平七年（一三五二）閏二月二十日、南朝方の北畠親房・楠木正儀《まさのり》らの軍が、足利義詮《よしあきら》を破ってこれを近江に追い、京都を確保した。京都に残された持明院統の光厳《こうごん》・光明《こうみょう》・崇光《すこう》三上皇と、皇太子を廃された直仁親王は捕われて南軍の拠点、石《いわ》清水八幡《しみずはちまん》を経て河内東条に移された。

　しかし南軍の京都占領も約一ヵ月にすぎず、三月十五日には義詮は再び京都を奪還した。ただ、三上皇と太子を奪われた北朝側としては、政権の体《てい》をととのえるためには何としても天皇を確保しなければならなかった。義詮は密かに使者を河内東条に送って上皇らの取り戻しを策したが、上皇らが六月には賀名生《あのう》に移されてし

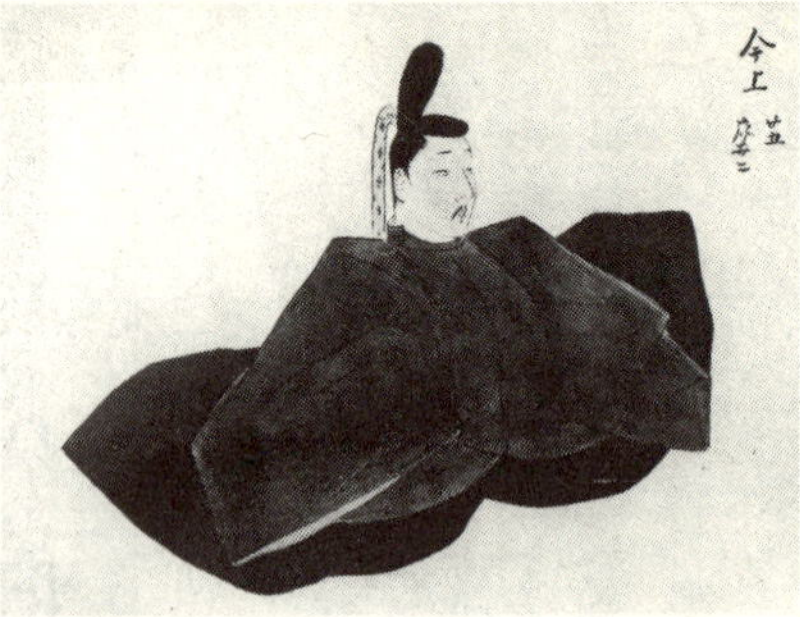

後光厳天皇

まったためにこれも成功しなかった。やむを得ず義詮らは新たに天皇を立てることとした。

候補として選ばれたのは、仏門に入るということで、都に残されていた光厳上皇の三宮（当時十五歳）である。だが、彼に皇位を与える資格を持つ三上皇がともに南朝に連れ去られているため、新帝践祚の手続きができない。

そこで義詮は、三宮の祖母、光厳上皇の母である広義門院（西園寺公衡の娘寧子）に交渉して上皇の代わりの役割をさせようとした。

三上皇らを見捨てて近江へ遁《のが》れた義詮に憎しみをもつ広義門院は、当初、容易に承諾しなかったが、天皇がいなければ何をどうすることもできない北朝側の公家たちの説得によって、ようやく納得してその措置をとった。

八月十七日、三宮は土御門東洞院殿で元服して諱《いみな》を弥仁《いやひと》と定め、即日践祚した（後光厳天皇）。だが神器もないので、神鏡の容器である小唐櫃《からびつ》でこれを代行した。これは先に南軍の本営のあった八幡を奪還した時に、後村上天皇の御座の間から醍醐寺三宝院賢俊が、探し出しておいたものだった。

このときの践祚の先例は、いろいろと検討した結果、遠く継体天皇の例によるということとされたのである。

鎌倉・室町

長慶天皇が長い間、歴代天皇に加えられなかったのは？

大正十五年（一九二六）十月二十一日、長慶天皇在位確認の詔書が出され、後村上天皇の次に新たに長慶天皇を加えることが明らかにされた。

もちろん、それまで長慶天皇の存在がまったく不明だったわけではない。室町幕府の記録である『花営三代記』にも、江戸時代に編纂された『続本朝通鑑』にも、『大日本史』にも、長慶天皇の存在は明記されている。だが、その存在の確実な史料が少なかったため、塙保己一《はなわほきいち》のように、その在位を否定し、長慶院すなわち寛成《ひろなり》親王は即位せずに太上天皇の尊号を贈られたものであると論ずるものもあり、在位否

長慶天皇の父、後村上天皇陵（大阪府河内長野市）

定論も少なくなかった。

明治四十四年（一九一一）二月、衆議院で南北朝正閏問題が起こって、このことが政治問題化した際にも、長慶天皇の在位問題は論議された。このときには明治天皇の勅裁によって、長慶天皇については在位の確証を得るまで、しばらく皇代には加えないことが決定された。

しかし大正に入ってから、この研究は大きく前進し、確実な史料の発見も相次いだ。とくに八代国治の『長慶天皇御即位の研究』が刊行されて、在位は人々を納得させるものとなった。

そこで大正十三年に臨時御歴代史実考査委員会が宮内省の中に設置された。さらに審議を重ねた結果、同委員会は、長慶天皇は皇代に列し奉るを至当とす、という答申案を出し、宮内省から内閣の諒解を得て枢密院に諮詢《しじゅん》された。その結果として大正十五年に在位確認の詔書が出されたのである。

鎌倉・室町

後花園天皇が伏見宮家から皇位についたのは？

正長元年（一四二八）七月二十八日、伏見宮彦仁《ひこひと》王（貞成《さだふさ》親王の長子）が践祚した。後花園天皇である。称光天皇はすでに七月二十日に没していたので、八日間の空位の期間があった。彦仁王（時に十歳）はまだ元服もすんでおらず、親王宣下も立太子の儀もないままの異例の践祚であった。

称光天皇は病弱でかねてから病床にあり、皇子もなかったので、後小松天皇の二宮（小川宮）が嗣子《しし》とされていたが、小川宮は応永二十三年（一四一六）二月に元服を前に急死しており、皇嗣のことは注目されていた。称光天皇の病が篤くなった正長元年七月六日、南朝の後亀山上皇の皇子で、嵯峨に隠棲していた小倉宮が、ひそかに都を出て伊勢の国司北畠氏のもとに身を寄せたという風聞

皇位継承者決定に奔走した足利義教

も流れていた。南北朝合一の際の両統迭立《てつりつ》の約束の履行を迫る行動である。

幕府としても皇嗣について何らかの手を打たなければならなかった。将軍になったばかりの足利義宣《よしのぶ》（のち義教《よしのり》と改名）は、幕府首脳や幕府の黒幕三宝院満済らとはかり、宮廷の万里小路《までのこうじ》時房・勧修寺《かじゅうじ》経成・広橋親光らの意見も求め、皇位継承者として伏見宮彦仁王を内定した。七月十五日に幕府の使者が警護の武士らとともに伏見御所に来て、極秘のうちに彦仁王を洛東岡崎の若王子社に移した。持明院統として、皇位を継ぐべき資格を持つ者は、すでに五十七歳に達した貞成親王を別とすれば彦仁王しかいなかった。

伏見宮家は崇光《すこう》上皇の皇子栄仁《よしひと》親王（貞成親王の父）にはじまり、崇光上皇の弟後光厳から後円融・後小松・称光と続く皇統とは、同じ持明院統とはいえ系統を異にしていた。このため後光厳系の人々からは必ずしも歓迎はされなかったが、ここに至ってはやむを得なかった。

翌日、義宣は後小松上皇にその意向を確かめ、この日、後小松上皇は彦仁王を猶子《ゆうし》とし、十七日、彦仁王は若王子社から仙洞御所に移され、二十八日の践祚を迎えたのである。

鎌倉・室町

幕府に敗れた赤松氏の遺臣が南朝の皇胤を襲ったのは？

長禄二年（一四五八）八月三十日、赤松氏の遺臣小寺性説らが、南朝の遺臣によって奪われた神璽《しんじ》を奪還してこれを奉還した。この功によって幕府は赤松政則に加賀半国を宛行《あてが》った。

この問題の発端は嘉吉三年（一四四三）に遡《さかのぼ》る。この年の九月二十三日の夜半、尊秀と称する者（おそらく南朝の皇胤）に率いられた吉野・十津川・河内・紀伊の南朝の遺臣百余人が、突如として内裏に乱入して火をかけ、後花園天皇を害せんとして果たさず、神璽・宝剣を奪い去った。宝剣は途中に打ち捨てられていたのを何者かが拾い、二十八日に内裏に返された。

遺臣らはその後、比叡山に登り、延暦寺衆徒を語らって立て籠もろうとした。しかし衆徒らは従わず、逆に誅罰に向かった管領畠山持国の軍と合して遺臣らを攻めたので、首謀者の一人通蔵主は生け捕られ、金蔵主や、彼らと共謀した日野有光・冷泉《れいぜい》・高倉らの廷臣は討ち取られた。このとき逮捕・討滅を免れた少数の人々は、

南朝の本拠地・吉野宮跡（奈良県吉野町）

神璽を奉じて吉野へ帰った。彼らにとってみれば、明徳三年（一三九二）南北朝合一の際に北朝側に詐取された神璽を奪還したということになる。

嘉吉の変によって領国を幕府に没収されて主家を失い、浪人していた赤松氏の旧臣らは、この神璽を奪還することにより主家の再興、領国の回復を企て、これを幕府に願い出て許された。同志を糾合し、長禄元年十二月、吉野に潜入、神璽を奉持する南朝の皇胤らを討ったが、神器奪還には失敗した。

その後、どういう手段をとったのかよくわからないが、小寺性説は小川弘光とともにいろいろ計略をめぐらし、神璽を取り戻して、八月三十日に神璽が京都に戻ったというわけである。

鎌倉・室町

後柏原天皇が践祚二十二年後に即位式を行ったのは？

南北朝内乱期以降、公家政権の財源である国衙《こくが》領・荘園は、領地を一円支配して領主権を確立しようとする諸国の武士たちに横領されることが次第に多くなった。それを制約すべき幕府権力も衰えるに従って、戦国時代には宮廷の財政は極度に困窮した。

明応九年（一五〇〇）九月に死んだ後土御門天皇の遺骸は、葬儀の財源がないままに禁中黒戸御所に四十余日にわたって放置されたという、常識では考えられないような事態まで生じている。近衛政家はその葬儀の日の日記に「今日に至り崩御以後四十三日なり、かくの如きの遅々さらに先規あるべからざるか」と記している。

このようなありさまなので、践祚した後柏原《ごかしわばら》天皇の即位の儀式を行うこともできなかった。これまでならば、このような朝廷の重要な儀式の場合には、幕府がその費用を調達するために、守護に命じて反銭を徴収させるのが例であった。

このときも朝廷は即位式を促進するために、文亀二年（一五〇二）、十一代将軍義澄を参議左近衛中将に任官した。しかし、管領細川政元は「かくの如き御官位など御無益、いかに御昇進これありと雖《いえど》も人以て御下知《げち》に応ぜずんばその甲斐なし」と言い切り、「内裏にも即位大礼の御儀無益なり、左様の儀これを行うと雖も、正躰なきものは王とも存ぜざるなり」とうそぶいたという。

結局、即位式は大幅に遅れ、大永三年（一五二三）三月にようやく挙行された。だが、前年にそのことを決定し、資金一万両を献上すると決めた十代将軍義稙《よしたね》は、このときには和泉に出奔しており、儀式の財源の大半は山科《やましな》本願寺の献金であろうと推定されている。

大永六年の天皇の葬儀も一ヵ月近くたってから行われ、後を嗣いだ後奈良天皇の即位式も、践祚の十年後、天文五年（一五三六）に、大内義隆の献金によって、ようやく行われる始末だった。

戦国・江戸

高橋紀比古

戦国・江戸

ザビエルの天皇謁見が実現されなかったのは？

イエズス会宣教師フランシスコ＝ザビエルは、インドや周辺各地で伝道につとめ、マラッカで日本人ヤジロー（アンジロー）と出会ったのち、日本布教を志す。

ザビエルは、ホトケやカミサマに頼る日本人にカソリックの教えを広めるためには、まず国主（天皇）を改宗させ、その許可を得てから全国に布教すべきだと考えた。だが当時、日本は戦国乱世のまっただ中にあり、天皇や将軍の権威は地に堕ちていた。この情勢を充分理解していなかったザビエルは、ポルトガルのゴア総督と司教に紹介状を書いてもらい、精巧な大型時計や燧石《ひうちいし》式銃・小型ピアノ・眼鏡をはじめ数々の珍しい献上品を用意し、日本をめざした。

ヤジローを案内人に、司祭コスモ＝デ＝トルレス、修道士ジョアン＝フェルナンデスらとマラッカを出航したザビエルは、天文十八年（一五四九）七月、鹿児島に上陸し、わが国に初めてキリスト教を伝えた。

一行は、領主島津貴久《たかひさ》の保護をうけたが、寺社の信徒に憎まれて布教ははかどらない。その後、一行は平戸・博多・山口を経て、天文二十年一月に上洛した。

ところが、ザビエルが眼にしたのは、応仁の大乱以後あいつぐ兵火に焼かれたまま醜い姿をさらす荒都であった。そのころは後奈良天皇の時代で、式微をきわめており、御所の築地《ついじ》も荒れるにまかせ、紫宸殿《ししんでん》のかたわらに茶店を張る者がいるほどの荒れようだったという。

ルイス＝フロイスが著した『日本史』によれば、天皇に拝謁する前、廷臣から献上品の有無を問われたザビエルは、「平戸に残してきたので、もし謁見がかなうなら至急取り寄せる」と答えた、という。たとえ外国人であっても贈り物さえ奉呈すれば、昇殿できたのである。

しかし、その後、ザビエルは積極的に立ち回らず、十日間ほど滞在しただけで都を去る。衰退した朝廷のありさまに接し、たとえ全国布教の勅許を得られたにしても、いかにそれが無力かを実感したにちがいない。

だとすれば、ザビエルは貴重な品々は他日有効に使わねばならないと考えて、京へ持参するのを忘れた、と答えたのかもしれない。異教の地におもむく宣教師たちは、したたかであったのだ。

戦国・江戸

上杉謙信が「官軍」を自負したのは？

天文二十二年（一五五三）八月、長尾景虎（のちの上杉謙信）・武田晴信（信玄）両軍が北信濃で衝突し、五度におよぶ史上名高い川中島合戦が始まる。

同年秋、二十四歳の青年武将景虎は、前年、従五位下・弾正少弼《だんじょうのしょうひつ》に叙任された御礼言上と寺社詣で、および戦いの大義名分を得るために上洛する。将軍足利義輝や実力者三好長慶《ながよし》らを介して、景虎は宿敵石山本願寺とも和解できた。

また、在京中に金品を後奈良天皇や公卿に献上し、参内《さんだい》を許された。極度な疲弊状態におちいっていた貴人たちにとって、北越からはるばる上ってきた律義者の贈り物は、実にありがたかったろう。

参内を果たして天皇に拝謁した喜びにひたる景虎に対し、天盃と御剣が下賜され、さらに、大納言広橋兼秀を通じて、「任国（越後）および隣国の逆心をいだく輩《やから》を討ち、威名を子孫に伝え、勇徳を万代に施し、勝を千里に決して忠を一朝に尽くせ」のような勅命が伝えられた。

いかに衰微しているとはいえ、この聖旨は、越後守護代にすぎぬ若き武将を感奮させるに充分だった。景虎は軍勢を動かす名分を手に入れることができた。「官軍」である。

ついで永禄二年（一五五九）四月にも景虎は上洛する。前回はわずかな従者だけであったが、今回は五千余を引き具していたという。天皇以下への献上品も一回目をはるかにしのぎ、諸人を瞠目《どうもく》させている。ことに関白近衛前久《さきひさ》は景虎を文武兼備の名将と高く評価し、景虎も前久に向かって、関東公方《かんとうくぼう》に迎えたいと口約束をしたことから、後日、前久が荒廃した都を捨てて越後へおもむくという、思わぬ出来事も起こる。

この上洛中、景虎は再度参内を許され、正親町《おおぎまち》天皇から、天盃と粟田口《あわたぐち》吉光がきたえた宝剣を賜った。

その後、景虎は上杉憲政の養子となって関東管領《かんれい》職を譲られ、各地を転戦するが、「勝を千里に決して」天下を統一することはついにできなかった。

戦国・江戸

正親町天皇が石山合戦の和睦を斡旋したのは？

永禄十一年（一五六八）九月に上洛した織田信長が、その翌月、摂津・和泉両国に矢銭《やぜに》を課した際、一向宗《いっこう》の頂点に立つ本願寺第十一世宗主顕如光佐《けんにょこうさ》は、五千貫を上納した。

しかし、その後、信長が現在の大阪城本丸付近にあった石山本願寺を破却しようとしたことから、元亀元年（一五七〇）九月、顕如は紀州門徒などに檄《げき》をとばして挙兵する。

その後、「抜き難し南無六字の城」と戦国大名に恐れられた一向一揆や反信長派の浅井長政・朝倉義景の軍勢を相手に、多面作戦を余儀なくされた信長は、将軍足利義昭を動かし、正親町《おおぎまち》天皇の勅命を得て本願寺と和睦しようと図る。

上洛以来、それほど多くはないが、皇室領回復に信長は努めており、正親町天皇にとって、まことに頼もしい存在であった。

皇室の長久を考えれば、信長の奏請にこたえなければならない。そこで、南北朝合一以来久しく見なかった天皇による調停工作が行われる。天皇はさっそく本願寺に和平を命ずる宸筆《しんぴつ》をくだし、十一月に講和が成立した。

だが、天正元年（一五七三）に浅井・朝倉両氏を滅ぼし、背後を脅かしていた武田信玄が没すると、信長は伊勢・越前一向一揆撃滅に乗り出し、天正四年五月から、再び石山本願寺を囲んだ。この石山合戦で信長は多大な犠牲をはらい、天下統一が遅れた。

天正七年八月、門徒支配の加賀国が織田軍に制圧され、同盟を結ぶ毛利氏からの援助も途切れがちになり、石山本願寺はようやく疲労の色を濃くする。

信長はこれを見て、再度、朝廷に和平斡《あっ》旋《せん》を請う。十二月、天皇は庭田重保・勧修《かじゅう》寺《じ》晴豊《はるとよ》に、翌天正八年三月には関白近衛前《さき》久《ひさ》にそれぞれ勅書を持たせ、石山へ派遣した。閏三月に至って和睦が成り、石山合戦はようやく幕を閉じた。

織田信長

織田信長が正倉院御物の「蘭奢待」を切り取れたのは？

織田信長は永禄十一年（一五六八）九月に上洛し、足利義昭《よしあき》を室町幕府十五代将軍とすることに成功した。しかしその後、義昭が信長を疎んじて両者の軋轢《あつれき》は激しくなる。天正元年（一五七三）七月、義昭は信長の軍門にくだり、室町幕府は崩壊した。

天下布武をめざす信長は、敵対する武将はもちろん、眼前に立ちはだかるものには、たとえ相手が社寺であろうとも情容赦ない攻撃を加え、偶像を破壊してゆく。だが、このような信長も、当時、政治の局外にあり、軍事力をまったく持たず、神権だけに裏打ちされていた皇室に対しては、その利用価値を心得、また朝敵の汚名をさけるため、恭遜《きょうそん》な態度でのぞんだ。

永禄十二年から内裏《だいり》や仙洞御所《せんとうごしょ》の修復に着手した信長は、自ら足繁く工事を監督し、紫宸殿《ししんでん》・清涼《せいりょう》殿などを整えた。また、元亀元年（一五七〇）十月、洛中・洛外からの運上米《うんじょうまい》五百二十一石を京の人々に貸しつけ、その利息米を禁裏《きんり》供御米《くごまい》にあてる一方、丹波国山国荘をはじめ皇室御料の回復につとめている。それと同時に、公家衆を救済するため徳政令を出し、大宮人《おおみやびと》を喜ばせた。

時の正親町《おおぎまち》天皇は、打てば即座に響く果断な信長に、当然、全幅の信頼を寄せた。

天正二年三月に入京した信長は、東大寺正倉院にある御物「蘭奢待《らんじゃたい》」を所望したいと奏請する。この蘭奢待は、聖武天皇のとき中国から渡来し、王者が聞香《もんこう》する名木と称されている。

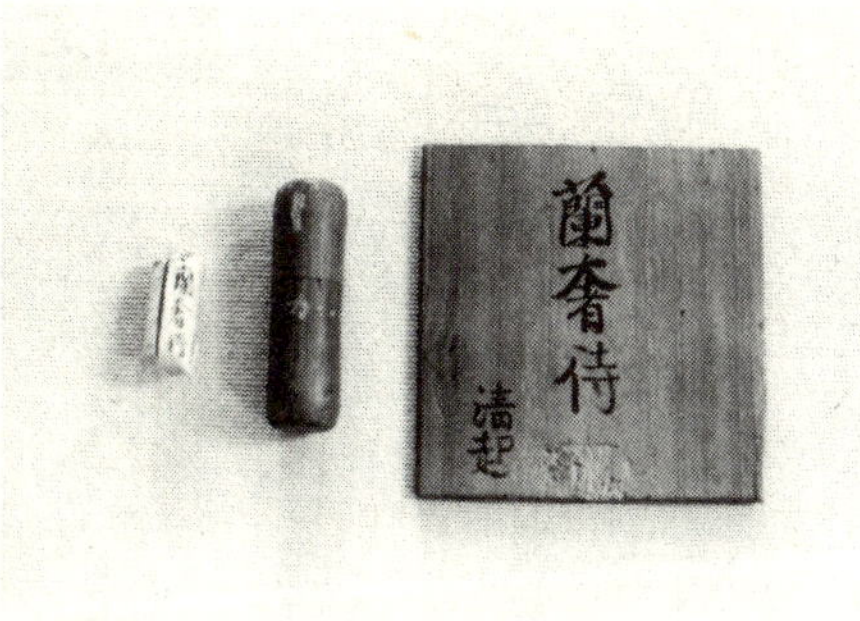

蘭奢待の一片（真清田神社蔵）

　かつて足利義満・義教・義政が切ったことはあるが、他にこの名香を手にできたものはいない。皇室をドン底生活から救い、朝儀再興に尽くす代償として蘭奢待の一片くらい……と天皇も現実的に考えたのだろう。

　まもなく信長は勅許を得て奈良に向かい、三月二十八日、正倉院の扉を開いて名香を大和多聞山《たもんやま》城に運び、一寸八分四方を切り、望みを達した。

戦国・江戸

後陽成天皇が籠城中の細川幽斎救出に動いたのは？

細川幽斎《ゆうさい》（藤孝《ふじたか》）は、天文三年（一五三四）幕臣三淵晴員《みつぶちはるかず》の三男に生まれ、のち管領細川氏の支流元常の養子になった。一説に、十二代将軍足利義晴の子ともいう。

風流大名として聞こえる幽斎だが、時流を読み取る鋭い眼をもち、身の処し方も巧みであった。足利義昭を奉じて将軍補任《ぶにん》に尽力するが、やがて織田信長に通じ、息子忠興《ただおき》は丹後国を与えられている。

本能寺の変後、忠興夫人ガラシアの父明智光秀に加勢を乞われたが与力せず、豊臣秀吉に随身し、のち二位法印に叙されている。

慶長五年（一六〇〇）、関ヶ原の役に際し、忠興は徳川家康に属し東軍先鋒をつとめ、幽斎は留守隊をまとめて丹後田辺城に籠もった。また、ガラシア夫人は西軍から大坂入城を強請されると、死を選んでいる。同年七月二十一日、西軍の小野木重勝以下一万五千が田辺城を囲んだ。

幽斎は和歌に長じ、『古今和歌集』の秘事相伝「古今伝授《こきんでんじゅ》」を三条西実澄《さんじょうにしさねずみ》から受けていた。田辺城攻防戦が叡聞に達すると、幽斎の死とともに秘奥が絶えてしまうことを憂える後陽成《ごようぜい》天皇は、八条宮智仁《としひと》親王に幽斎を降伏させるよう命じた。しかし、宮の使者に会った幽斎は、徹底抗戦の覚悟を述べ、相伝書とともに、親王に宛てて「いにしへも今日もかはらぬ世の中に、心のたねをのこすことの葉」と詠み、伝授の箱には「もしほぐさかきあつめたる跡とめて、むかしにかへせ和歌のうらなみ」の一首を書いて烏丸《からすまる》光広に贈った。

後陽成天皇は、さらに幽斎の討死を防ぐため、勅使を西軍前田玄以《げんい》のもとに送り、田辺城包囲を解くよう命じる。玄以の子茂勝が早馬を飛ばし、開城を勧告するが幽斎は応じない。

天皇は秘伝相承を保つためになお和睦斡旋《あっせん》を断念せず、九月十二日には勅使中院《なかのいん》通勝・三条西実条《さねえだ》・烏丸光広を田辺に下す。こうして十八日に至り、幽斎はようやく城を開いた。

幽斎は慶長十五年八月に没している。

戦国・江戸

後陽成天皇から八条宮への譲位が徳川家康に反対されたのは？

結論からいえば、一時、八条宮が豊臣秀吉の猶子《ゆうし》に迎えられていたからである。八条宮は、誠仁《さねひと》親王（正親町天皇の第一皇子、陽光院）の第六皇子として天正七年（一五七九）に誕生し、幼名を胡佐麿《こさまろ》（古佐丸）、諱《いみな》を智仁《としひと》といい、「六の宮」と通称された。その第一の兄宮にのちの後陽成《ごようぜい》天皇となる和仁《かずひと》（周仁《かねひと》）がいる。

天正十四年七月に父親王が薨《こう》じ、皇子たちは前途に不安を感じた。そこに本能寺の変後、政権の座に駆けのぼり、前年、関白に任官していた羽柴秀吉が、庇護者として現れる。同年十一月、秀吉は正親町天皇から皇孫和仁親王への譲位をとどこおりなく実現させ、十二月には、太政大臣に任ぜられ、「豊臣」の姓を下賜された。天正十六年四月、後陽成天皇は秀吉が築いた聚楽第《じゅらくてい》に行幸し、六の宮もこれに従った。

第内で和歌会・舞楽を催し、諸大名から誓紙をとって天下に勢威を誇示した秀吉は、さらに門地を飾るため、六の宮を猶子に迎えたいと奏請し、勅許を得ることに成功する。実子にめぐまれない秀吉は、いずれ六の宮に太政大臣を譲る考えであったという。

だが、天正十七年五月、秀吉の側室淀殿《よどどの》が鶴松を産んだことから、六の宮は豊臣家を離れる。秀吉はその後も六の宮を鄭重にあつかい、天正十八年に八条宮家を創立することにし、家領三千石を贈り、翌年一月、親王宣下のはこびとなる。

慶長三年（一五九八）八月に秀吉が没すると、後陽成天皇は世をはかなみ、病身を理由に八条宮へ譲位しようとする。天下の衆望を集め、政権を狙う徳川家康にとって、豊臣色の濃い八条宮が皇統を継ぐのは、なんとしても阻止しなくてはならない。

家康は昵懇《じっこん》な九条兼孝と結び、「皇《こう》儲《ちょ》良仁をさしおいて、秀吉の猶子だった八条宮が皇位につくのは道に外《はず》れる」と強硬に反対した。

八条宮智仁親王

結局、譲位は立ち消えになったが、以後、天皇と家康の関係は円滑を欠き、良仁や二の宮幸勝は、のちに家康への面あてから、父帝の強い命で仏門に入れられた。

戦国・江戸

江戸時代の禁裏御料が三万石だったのは？

江戸時代の禁裏《きんり》御料《ごりょう》（皇室領）は、最初から三万石だったわけではない。幾度かの変遷を経ている。

南北朝期から戦国時代にかけて、皇室領は各地の武士に蚕食《さんしょく》された。室町幕府にも御料回復の力はなかったため、後土御門・後柏原・後奈良天皇三代の皇室財政はことに困窮をきわめていた。

上洛を果たした織田信長は、皇室の窮状を救うため、まず丹波国山国荘の年貢を確保し、元亀二年（一五七一）には、京中に米五百二十石を貸しつけ、利息分（三割）百五十六石を禁裏御料にあてるなどし、さらに山城国十一郷を加えた。

そして豊臣秀吉は、天正十六年（一五八八）四月、聚楽第行幸のおり、京都の銀《ぎん》地子《じし》（税金）五千五百三十両余を天皇、米地子三百石を上皇、五百石を智仁《としひと》親王（八条宮）に贈った。また、近江国内八千石を親王・公卿らに分与している。

徳川氏は、まず家康が慶長六年（一六〇一）五月、禁裏御料を整理・加増し、京都近郊で一万十五石余の地を献じた（本御料）。

ついで三代将軍家光は、妹の中宮和子《ちゅうぐうまさこ》が懐妊すると、父の大御所秀忠と相談し、御祝として後水尾《ごみずのお》天皇に一万五升四合の地を贈った（新御料）。

皇室を政治の局外に置き、伝統的な尊厳性だけを天皇に認めようとする幕府の政策から、禁裏御料は小封大名なみに押さえた。ちなみに、和子入輿《にゅうよ》に際し、在世中に限り化粧料一万石を付けている。

さらに宝永二年（一七〇五）一月、叔父の五代将軍綱吉に世子として迎えられていた綱豊（のちの家宣《いえのぶ》）が、岳父近衛基熙《もとひろ》から皇室財政の悪化を聞き、綱吉を説き、一万石一斗余の地を贈った（増御料）。

こうして、本・新・増御料を合わせて、ようやく三万石余になったわけである。

このほかに上皇料（一院一万石、二院七千石）、中宮料三千石、女御《にょうご》料二千石、東《とう》宮《ぐう》（皇太子）賄《まかない》料二千俵、皇子・皇女料三百石などがあり、公家衆の所領を合わせると、約十万石になったという。

なお、幕末に至り、十四代将軍家茂《いえもち》は、禁裏御料を文久二年（一八六二）に十五万俵、翌三年に三十万俵とし、十五代慶喜《よしのぶ》は慶応三年（一八六七）に山城一国二十三万石に改めている。

戦国・江戸

廷臣が起こした「猪熊事件」に幕府が乗り出したのは？

昨今はオフィス・ラブとやらが花ざかりとか。だが、その現場を上司に目撃され、しかも愛する相手が社長の想いものだったら、アナタ、どうします……。

徳川幕府が成立し、戦国時代の窮乏からは解き放たれたものの、政治から隔離された生活を強いられるようになると、公家衆の風紀は著しく弛緩《しかん》してゆく。

宮廷随一の美男子ともてはやされる右近衛権少将猪熊教利《いのくまのりとし》は、女官との愛に溺れて素行がおさまらず、慶長十二年（一六〇七）二月に勅勘をこうむり、京から出奔した。一説に、相手の女官は後陽成《ごようぜい》天皇の寵を受けていたという。

　ところが、事件発覚後も宮中の気風はいっこうに改まらず、慶長十四年七月には、典薬の兼康備後《かねやすびんご》なる者が手引きをし、参議烏丸《からすまる》光広・左近衛権中将大炊御門《おおいみかど》頼国ら公卿と典侍広橋氏・権典侍中院《なかのいん》氏らの女官が、今でいう乱交パーティーを繰り広げた。この一件を知った後陽成天皇は激怒、公卿の官位を剝奪し、女官をそれぞれの実家に帰し禁錮にした。さらに天皇は、出奔して行方知れずの猪熊教利を捕縛のうえ、今回乱交に加わった男女ともども極刑に処するよう幕府に求めた。

　これに対し徳川家康は、同年十一月に教利が日向国で逮捕されると、京へ押送させ、兼康備後とともに死刑にした。

　しかし、天皇の御母新上東門院や女《にょう》御《ご》近衛氏による助命嘆願もあって、烏丸光広・徳大寺実久を無罪、他の公卿・女官を配流とするにとどめた。

　極刑をのぞんだ天皇は、家康・秀忠父子が勅命をふみにじって行った寛大な処置と感じた。

御陽成天皇の逆鱗に触れた烏丸光広

豊臣秀吉没後、八条宮への譲国を阻止されて以来、天皇と徳川家との間に生じた溝は、この事件後さらに深まり、慶長十六年三月の政仁《ことひと》親王（後水尾天皇）への譲位へとつながる。

また、後陽成天皇が幕府に公卿の捕縛・処分を勅令したり、譲位騒動を起こしたことにより、幕府が皇室・朝廷内部に容喙《ようかい》する大きなきっかけを与えてしまった。

戦国・江戸

後水尾天皇が自ら譲位したのは？

後水尾《ごみずのお》天皇は、慶長元年（一五九六）六月に降誕、同十六年三月践祚《せんそ》、四月に即位した。在位中は、ちょうど徳川幕府の覇権確立期にあたり、朝廷に対しても「禁中並公家諸法度」を押しつけるなど、天皇の尊厳はしばしば傷つけられた。

鬱屈する天皇は、徳川和子《まさこ》入内《じゅだい》をめぐるトラブルから、元和五年（一六一九）六月と九月の二度にわたり譲位を表明するが、幕府に阻まれた。武力を持たぬ天皇にとって、幕府に対抗できる手段は譲位しかなかったのである。その後も、中宮和子所生の高仁親王へ譲位の内旨があり、幕府もようやく承諾する。

ところが、その準備が進む寛永四年（一六二七）七月に紫衣《しえ》事件が起きた。「紫衣」とは、高徳の僧尼が朝廷から賜る法衣であるが、幕府は慶長十八年以後、紫衣勅許前に幕府へ申告するよう義務づけ、元和元年の「諸山法度」でそれをさらに明確化し、天皇の栄典授与権を縮小してしまう。

そして寛永四年七月には、京都所司代に元和以降の僧侶昇階、紫衣・上人号勅許などを調査させ、天皇が発給した勅許状七、八十通を無効にした。『細川家記』によれば「朕《ちん》にとってこの上の恥があろうか」のように慨嘆したという。

寛永五年六月に高仁親王が薨《こう》じた。すると天皇は、和子所生の女《おんな》一の宮（興子《おきこ》内親王）への譲位を幕府に伝えた。しかし、外戚になることを急いだ、と世間から謗《そし》られるのをはばかり、大御所秀忠・将軍家光父子は内旨を拒んだ。それでも天皇は譲国を断念せず、寛永五年九月に和子の儲けた若宮が生後一ヵ月で薨じると、女一の宮への譲位を固めたという。

寛永六年六月、紫衣事件に連坐して大徳寺の沢庵《たくあん》、妙心寺の東源らが流罪となり、十月には将軍家光の乳母斎藤氏が無位無官ながら、強引にシャシャリ出て参内し、天盃と「春日局《かすがのつぼね》」の名を賜った。

こうして幕府にいくたびも尊厳を傷つけられた後水尾天皇は、寛永六年十一月、ついに女一の宮への譲位を決行し、奈良時代の称徳天皇以後絶えていた女帝＝明《めい》正《しょう》天皇が誕生することとなる。

秀忠・家光父子も「御譲位の由、驚き申し候御事に候。其上はとかく叡慮次第」と、後水尾天皇の行動をあえてとめはしなかった。

戦国・江戸

霊元天皇が武蔵野を「根本魔所」といったのは？

承応三年（一六五四）五月に誕生し、幼名を高貴宮《あてのみや》、諱《いみな》を識仁《さとひと》という霊元《れいげん》天皇は、後水尾天皇の末皇子で、寛文三年（一六六三）正月、十歳で兄の後西《ごさい》天皇から受禅、四月に即位した。

即位に際し、天皇がもっぱら学問中心の生活を送るよう、幕府は「禁裏御所御定八箇条」を朝廷に押しつけている。幕府の思惑どおり、天皇は和歌・狂歌・有職故《ゆうそくこ》実《じつ》などに励み、下情にも通じて英邁《えいまい》な資を称された。だが、癇癖《かんぺき》も激しく、次第に廷臣や幕府との間に軋轢《あつれき》を生じる。

　儲君《ちょくん》の座をめぐって一宮・五宮両派が対立すると、天皇は天和元年（一六八一）、一宮を大覚寺門跡にするように決めた。しかし、一宮と外戚の小倉実起《さねおき》が勅旨を拒んで紛糾し、同年九月、実起・公達《きんつら》父子らは佐渡へ配流、一宮は勧修寺《かじゅうじ》へ入室させられて済深法親王となり、五宮が皇太子に立った。

　その後、徳川綱豊《つなとよ》（のち六代将軍家宣《いえのぶ》）の岳父である左大臣近衛基熙《もとひろ》を通じて、幕府が種々の圧力をかけてくる。そこで霊元天皇は、譲位して近臣グループとともに院政を執ろうとする。

　貞享四年（一六八七）三月、皇太子朝仁《あさひと》（東山天皇）に譲国した霊元上皇は、幕府が「朝廷の沙汰は関白・武家伝奏が行い、上皇の口出しは無用である。また院の寵臣花山院定誠《さださね》は奸人なので側近に用いないように」などと申し入れると憤激し、あえて院政を布《し》いた。

　しかし、元禄三年（一六九〇）、近衛基熙が関白に就任したのち、上皇の気力は衰え、翌年、関白以下に朝廷の仕置きを委任する院宣をくだし、三年後には、東山天皇に全権を譲っている。

幕府の圧力に屈した上皇は、宸筆『乙夜《いつや》随筆』の中に、「武蔵野は根本魔所也、太田道灌《どうかん》始て城を築きたる時、様々の怪異ども有りて〈おごる者久しからざる世の中に〉といふ句を、いづくよりともなく云ひたるに」と記した。

道灌怪異譚に仮託して幕府（武蔵野）の倒壊する日が必ず来ると期待し、かつ信じた。

上皇は幕府を憎悪し続けながら、享保十七年（一七三二）十月に崩じた。

戦国・江戸

新井白石が「閑院宮家」の創設を建白したのは？

新井白石《はくせき》は、上総久留里《かずさくるり》藩主土屋家に仕える新井正済《まさなり》の長男に生まれ、独学で儒教を修めた。のち白石は大老堀田正俊に仕えたが、まもなく致仕し、木下順庵の門をたたいて筆頭門弟となった。三十七歳のとき、師に推挙され甲府藩主徳川綱豊《つなとよ》の侍講となる。

綱豊は宝永元年（一七〇四）、叔父にあたる五代将軍綱吉の継嗣に迎えられ、江戸城西丸に入って家宣《いえのぶ》と改名した。以後、白石も幕府直参《じきさん》に取り立てられる。世子になってからも家宣は白石の進講を受け続け、側近として重用した。

宝永六年正月に綱吉が没した。葬送ののち、白石は十二日に続いて二十七日に二度目の封事を家宣に奉呈した。その内容が、すなわち閑院宮《かんいんのみや》家創設に関する建白である。

白石の自叙伝『折《おり》たく柴の記』中巻などに記される封事の内容は、「平氏や執権北条氏は皇室の怒りにふれて滅びました。もし武家政治を連綿と続け、将軍家の末永い繁栄をお考えになるなら、皇室を等閑《なおざり》視なさらず、これまでの皇恩に報いるべきでございます。まず、皇室の財政難で打ち捨てられたままになっております新宮家創立を、ぜひとも実現させていただきたい」というものであった。

これまで、皇子・皇女のほとんどが出家入寺し、たとえ「宮」を称する皇族がいても一代限りであった。白石は世襲親王家の数を増やして、出家の例をできるだけ少なくし、将軍家に対する皇室の感情を軟化させようとしたのである。

将軍家宣は、白石の進言に耳を傾け、また、関白近衛基熙《もとひろ》（家宣の岳父）が東山天皇の遺勅を奉じて熱心にはたらきかけたこともあり、まず、同天皇の末皇子直仁《なおひと》親王（秀宮《ひでのみや》）に家禄千石を献じた。そして宝永七年八月に中御門《なかみかど》天皇が新宮家創設の勅命を出す。享保三年（一七一八）一月にいたって「閑院宮《かんいんのみや》」の号が定まり、伏見・桂（初め八条宮）・有栖川《ありすがわ》とともに、世襲親王家として続く。

戦国・江戸

幕府が将軍家継の夫人に皇女降嫁を願ったのは？

徳川家康・秀忠父子は、外戚権を確保するため、秀忠の女和子《むすめまさこ》を後水尾天皇のもとへ入輿《にゅうよ》させようと図り、幾多の障害を払いのけながら元和六年（一六二〇）に実現させた。

後水尾天皇は東福門院和子を嫌ったといわれるが、果たして事実だろうか。東福門院は、ともに夭逝した高仁親王・光融院宮の二皇子と、興子《おきこ》・昭子《あきこ》・顕子・賀子《よしこ》の四内親王をもうけており、天皇の愛が薄かったとは思えない。幕府に対する怒りと後宮のいとなみとは別であったろう。また、東福門院は、他の女院所生の紹仁《つぐひと》・

良仁《ながひと》・識仁《さとひと》親王の養母にもなっている。

幕府は東福門院を通じて、外戚の影響力を各天皇に及ぼそうとし、成功している。後水尾天皇の譲位で興子内親王が即位して明正《めいしょう》天皇となり、以下、後光明《ごこうみょう》（紹仁）・後西《ごさい》（良仁）・霊元《れいげん》（識仁）天皇と継ぐ。

明正以外には養母とはいえ、東福門院の存在は大きかった。また、明正天皇が上皇になってから各天皇へ助言を与えたことも見逃せない。

皇女八十宮と婚約した徳川家継

しかし、延宝六年（一六七八）に東福門院が薨《こう》じ、元禄九年（一六九六）に明正上皇も崩御すると、親王家との通婚はあるが、皇室・徳川家の結びつきは薄弱になった。

その後、六代将軍家宣《いえのぶ》時代に、幕府は文治政治を展開し、それまで強硬だった対朝廷政策を軟化させる。

さらに、皇室と深く結ぶため皇女降嫁を奏請し、正徳五年（一七一五）八月、霊元上皇の第十二皇女八十宮《やそのみや》（のちの吉子《よしこ》内親王、二歳）と七代将軍家継《いえつぐ》（七歳）の婚約がととのう。

上皇は院政の挫折などで幕府を激しく憎んだが、関東の底力を考えると、反対できなかったのであろう。

だが、翌六年正月に家継が早世してしまい、降嫁は実現しなかった。享保十一年（一七二六）内親王宣下を受けた八十宮は、生涯独身を通して、幕府から合力米五百石を献じられ、宝暦八年（一七五八）九月に薨じた。幕末の和宮《かずのみや》に先立つ、朝幕関係の犠牲者である。

戦国・江戸

典仁親王が「慶光天皇」と追号されたのは？

典仁《すけひと》親王は、世襲親王家のひとつ閑院宮《かんいんのみや》家初代直仁《なおひと》親王の皇子で、第二代を継いだ。この典仁親王の第六皇子で、家女房橋岩代子を生母とする祐宮《さちのみや》兼仁《ともひと》は、いずれ仏門に入ることを定められていた。

だが、後桃園天皇に皇嗣なく、安永八年（一七七九）十月に二十二歳で崩御したことから、祐宮はにわかにスポット・ライトを浴び、関白九条尚美《ひさざね》に推されて急遽、儲宮《もうけのみや》となり、同年十一月、九歳で践祚した。光格《こうかく》天皇である。

同時に、典仁親王も二品《にほん》から一品に昇階している。しかし当時、親王の宮中における席次は「禁中並公家諸法度」の規定で、現任の摂関・大臣よりも下位であった。光格天皇は、長ずると父親王に孝道を尽くしたいと思いめぐらし、寛政元年（一七八九）、親王に「太上天皇号」を奉りたいとの内旨を幕府に伝えた。

太上天皇とは本来、譲位した天皇つまり上皇の尊号であるが、皇位につかなくとも生前に尊号を贈られた後高倉院（後堀河天皇父、守貞《もりさだ》親王）、後崇光院（後花園天皇父、貞成《さだふさ》親王）、および薨去後に追贈された陽光院（後陽成天皇父、誠仁《さねひと》親王）の特例もある。

内旨に対し、寛政の改革を推進する老中松平定信は、関白鷹司輔平《たかつかさすけひら》を通じ、天皇の私情で尊号を贈ることは穏当でないと伝えた。

だが、天皇は断念せず、寛政三年になると、尊号の件はともかく、参内に際する儀礼だけでも上皇に準ずるよう取り計らいたい、と伝達した。

その後、朝幕間で交渉が重ねられたが、幕府は態度を変えず、後桜町上皇の諫言《かんげん》もあって、天皇はついに尊号宣下《せんげ》を諦めざるを得なかった。定信が反対し続けたのは、将軍家斉《いえなり》が実父の一橋治済《はるさだ》に「大御所」の称を贈ろうとしており、それを阻止するため、尊号の一件も認めなかったのだという。

こうした光格天皇の孝心は、明治十七年(一八八四)、典仁親王九十年忌にあたり、明治天皇が太上天皇の尊号「慶光《きょうこう》天皇」の諡号《しごう》を追贈したことにより、ようやく実った。

幕末・近代

西原和海

幕末・近代

孝明天皇が開国に反対だったのは？

孝明《こうめい》天皇は、きわめて頑冥な攘夷論者だった。そのため幕府は、気の毒なほどさんざんに苦労をなめさせられた。どれほど無駄なエネルギーを消耗させられたことか。当初、安政四年（一八五七）、日米通商条約締結の勅許を朝廷に願い出たとき、幕府は事態をあまり深刻に見ていなかった。ところが、勅許はなかなか降りようとしなかったのである。

天皇はどのような考えから開国に反対したのだろうか。これについては、やはり条約勅許問題で悩まされることになった徳川慶喜《よしのぶ》が、後年、次のように述懐している。

「（孝明天皇は）外国の事情や何か一向《いっこう》御承知ない。昔からあれは禽獣だとか何とかいうようなことが、ただお耳にはいっているから、どうもそういう者のはいって来るのは厭《いや》だとおっしゃる。煎《せん》じ詰めた話が、犬猫と一緒にいるのは厭だとおっしゃるのだ」（『昔夢会筆記《せきむかいひっき》』）

これに続けて慶喜は、「まわりの公卿たちも分からず屋だった。こちらが外国事情を詳しく説明して、どうやら理解してもらえたと思った挙句《あげく》が、大和魂がありさえすれば、といったふうな答えが返ってきて……」と、朝廷上下のどうしようもなさを苦々しげにこぼしている。

要するに、理屈ではなく感情の問題だったのだ。神国日本が夷狄《いてき》の足で汚されることが耐えられなかったのである。天皇のこうした意識は、宮廷という狭苦しい生活の中で純粋培養されたもので、その排外主義思想そのものが排外的で、他からの批判や説得を受け入れることができなかった。

孝明天皇

やむなく幕府は一方的に条約を締緒し、これがため天皇の激怒を買い、さらには尊王攘夷運動の擡頭と激化を促すことになる。政局は混迷の度を深めてゆく。開国問題が最終的な解決を見るのは九年後である。「天皇は晩年まで分からずじまいだった」とは、上の回想の中で慶喜の述べるところである。

幕末・近代

明治天皇が禁門の変のおり気絶したのは？

禁門の変（蛤御門《はまぐりごもん》の変）の際、祐宮《さちのみや》（のちの明治天皇）は満十二歳だった。この騒乱のなか、祐宮は攻守両軍が撃ち合う大砲の音に驚いて気絶した、と一般に伝えられている。しかし、その間の事情を、『明治天皇紀』や『徳川慶喜公伝』などに拠って再構成してみると、以下のようになる。

元治元年（一八六四）七月十九日。宮廷近くまで押し寄せた長州藩勢は、その日のうちに敗退した。翌二十日の夜、宮中において実に奇怪な事件が発生するのだ。この日の夕刻、禁裏御守衛総督の一橋慶喜は、十津川郷士が宮中に侵入し、孝明天皇を連れ出そうとしているという情報を得た。夜八時ごろ、慶喜が参内すると、常《つね》御殿《ごてん》の内庭の暗がりに三百ばかりの兵が怪しくたむろするのを見た。

ところが、これらの兵たちは、いつのまにか、いずこかへ姿を消してしまった。その正体も、どこからやって来たのかも、ついに分からずじまいだった。ミステリーである。あるいは、慶喜の見たものは幻影だったのか。

禁門の変での会津藩兵と長州軍の戦い

ともあれ大事をとって、孝明天皇や祐宮たちは、それまでいた常御殿から紫宸殿《ししんでん》に移されることになった。前日の戦闘と、この夜の怪事件とで、宮中は極度に動揺していた。突如、紫宸殿の一画に大砲が落下する音が響いた（実は、これは下女が鉄漿壺《かねつぼ》を落としたのだった）。祐宮に随従していた女官の中に、この音を聞いて恐怖の叫びをあげ、激しく泣き出すものがあった。

祐宮が気絶をしたのは、このときなのである。女官の恐怖が乗り移り、それまで耐えていた緊張が極限に達したものと思われる。侍臣の中御門経之《なかみかどつねゆき》が水を与えて、彼は正気を取り戻すことができた。

　幼少年期の明治天皇は、甚だ蒲柳《ほりゅう》の質で、神経が過敏だったと伝えられている。

　ちなみに、明治三十八年（一九〇五）の日比谷焼き打ち事件のとき、官憲の発砲音を宮中で耳にして、天皇がひどく脅えていたという侍従の証言もある。

幕末・近代

中川宮が新政府によって広島に流されたのは？

中川宮《なかがわのみや》（朝彦《あさひこ》親王）は伏見宮《ふしみのみや》家の出身。なかなか政治好きの人物で、幕末朝廷における行動には目立つところが多かった。孝明天皇からの信頼が厚く、国事御用掛に任ぜられ、いわゆる「八・一八の政変」に積極的な役割を果たすなど、公武合体派としての立場に終始した。その後、宮廷内の尊攘派勢力が強まると、幕府寄りの彼は疎外され、王政復古後には参朝を禁ぜられることになった。

慶応四年（一八六八）七月、彼の政治的陰謀が発覚する。事件のアウトラインは、こうであった。

刑法官知事の大原重徳《しげとみ》のもとに、中川宮が不軌を図っていると密告するものがあった。大原は岩倉具視《ともみ》と相談のうえ、部下に事の真偽を調査するよう命じた。判明したことは、越中国出身の中野光太郎という者が、徳川慶喜の密使と称して、中川宮の家臣浦野兵庫を通じ、宮との接触を図った。中野は中川宮の密書を得、今まさに京都を発ち関東へ向かわんとするところであった。

早速、中野光太郎、浦野兵庫の二人は逮捕された。彼らを訊問してみると、中川宮は幕府側と通謀し、榎本武揚の率いる軍艦を大坂・丹後・若狭の海港に招いて挙兵、再び徳川家政権を興《おこ》そうと計画しているというのだった。

同年八月十六日早暁、広島藩兵が中川宮邸を囲んだ。宮は親王の身分を剝奪され、その日のうちに広島藩に発たねばならなかった。

二十一日、広島に到着。城内の一室を与えられ、そこで幽囚の生活を送ることになる。

――果たして中川宮の嫌疑にどれほど信用するに足る証拠があったのか、この事件、今ひとつ分かりにくいところがある。

公武合体派だった中川宮

明治五年（一八七二）、中川宮はようやく謹慎の身から解放されることになる。その後まもなく、再び親王に復し、新たに久邇宮《くにのみや》家を建てることを許された。

久邇宮朝彦親王、すなわち香淳皇后の祖父である。

討幕軍が「錦旗」をおしたてたのは？

予定される対幕府戦争にあたって、倒幕派はあらかじめ周到に錦旗を用意しておいた。最初の発案者は岩倉具視だったのか、彼は自家に出入りしていた玉松操《たままつみさお》に、錦旗のデザインを依頼した。国学者の玉松は、例の「討幕の密勅」の草稿を書いた人物でもあった。

玉松が作図した案は、岩倉を通して大久保利通《としみち》と品川弥二郎の手に渡った。大久保は、大和錦と紅白の緞子《どんす》（錦旗の素材）を購入した。品川がこれを長州に持って帰り、玉松の意匠に従い日月章の錦旗各二旒《りゅう》、菊花章の紅白旗各十旒を製作した。その半数は山口城に、残りの半数は京都の薩摩藩邸にひそかに隠されたのであった。

慶応四年（一八六八）一月三日、京都郊外において薩長軍と幕軍との間に戦闘が開始された。鳥羽・伏見の戦いである。翌四日、朝廷は仁和寺宮《にんなじのみや》を征討大将軍に任じ、錦旗と節刀を授けた。その日の戦闘のさなか、敵軍に錦旗のあるのを知った幕軍の驚きはどのようなものであったろうか。天皇の軍隊のシンボルである錦旗を掲げることによって、薩長軍は戦いの大義名分を獲得することができた。この機を境に、薩長軍は「官軍」、幕軍は「賊軍」とみなされることになったのである。戦場に錦旗が翻るのは絶えて久しいことで、このときのそれは、およそ三百七十年ぶりの事例になるらしい。

同年二月十五日、有栖川宮《ありすがわのみや》を東征大総督とする朝廷軍は、江戸へ向かってひたすら進撃する。「宮さん宮さん、お馬の前の、ひらひらするのは、なんじゃいな。……あれは朝敵征伐せよとの、錦の御はたじゃ、しらないか。トコトンヤレトンヤレナ」と、この有名な歌も品川弥二郎の作だったと伝えられる。

ややあってのち、江戸市中に見られた幕府側の張紙《はりがみ》に、「賊手にある限り、錦旗といえども賊旗なり。恐れるに足らず」といった内容のものがあったという。

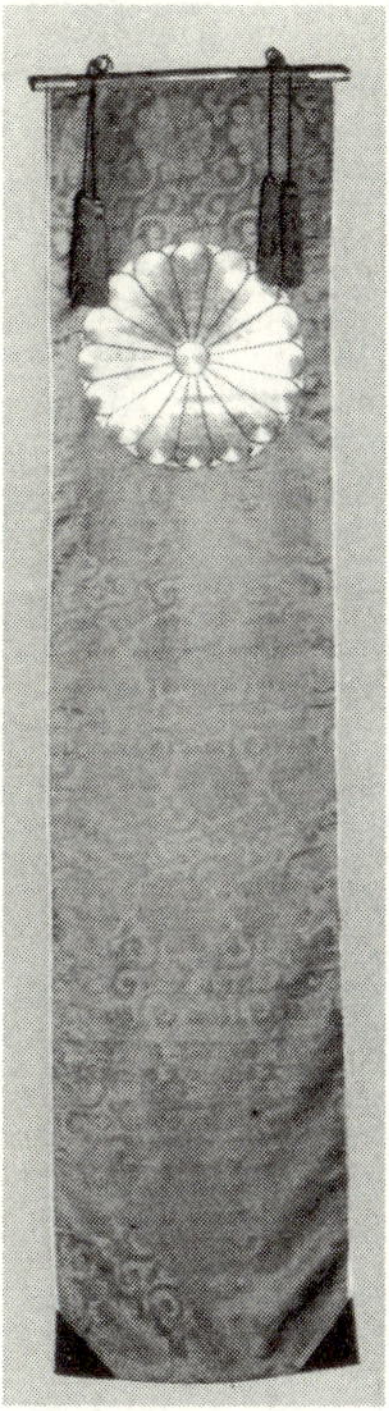

玉松操デザインの錦旗

幕末・近代

明治天皇が「地方巡幸」を重ねたのは？

在位四十五年間のうち、明治天皇が行幸を行わなかったのは、日露戦争の勃発した明治三十七年（一九〇四）の一年間だけである。日本史上、この天皇ほど行幸を重ねた天皇は一人もいない。その行幸回数は、のべ九十七回にもおよぶ。

なかでも注目すべきは、明治十年代までに試みられたいわゆる六大巡幸である。これをざっと眺めておくと、明治五年に中国・西国方面へ約五十日間の行幸。明治九年、東北地方、約五十日。明治十一年、北陸道・東海道、約七十日。明治十三年、中部地方、約四十日。明治十四年、東北・北海道、約七十日。明治十八年、山口・広島・岡山、約二十日、といったようになる。

いまだ新生国家の基盤も固まらないこの時期に、多大の日数と膨大な経費をかけて、なぜ敢えてこのように行幸をしなくてはならなかったのか。いや、それはまさに敢えてでなければならなかった。これらの行幸は、すぐれて政治的な意図をもって、権力によって組織、演出されたものだったのである。そして、それは確かな成功を収めた。

ひとつには、天皇の民情視察という目的があった。これは一種の天皇教育でもあった。しかし、当時の民衆にとっては、天皇とは何ほどの存在でもなかった。天皇よりも将軍様のほうが偉いのだという思いすら、まだ少なからず生き続けていたのである。支配者においては、仁慈あふれる、聖なる統治者のイメージを民衆に徹底させる必要があった。

天皇への敬愛感を通して、国家に寄せる民衆の一体意識を醸成していくこと、そこに天皇と民衆の接触を図る行幸の意義があった。

六大巡幸をはじめ、多数の行幸によって、天皇の足跡は列島の隅々にまで行き渡った。行幸地には記念碑が建てられ、植樹が行われ、それらはのちに「聖蹟」と指定された。

行幸は近代天皇制完成のための重要な布石であった。

明治天皇の地方巡幸（「絵入りロンドンニュース」）

幕末・近代

明治天皇が「軍人天皇」となったのは?

明治天皇に対する、最も普遍的な視覚イメージといえば、何といっても、大元帥の軍服に身を固めた、「御真影」として知られる肖像につきるのではないかと思う。もっとも、このことは明治天皇だけに限られたことではない。大正天皇の場合もそうであるし、昭和天皇も戦前のイメージとしては軍服姿が一般的であった。

軍服姿の天皇像――しかし、それは単に軍国日本のシンボルという意味だけのものではなかった。天皇は実際に軍人だったのであり、しかも国軍の「頭首」だったのであり、これは制度として規定されたものであった。そのことがはっきりと明文化されたのが、明治十五年（一八八二）の「陸海軍人に賜《たまわ》りたる勅諭」、いわゆる「軍人勅諭」である。この文章は、『東京日日新聞』の記者福地源一郎《ふくちげんいちろう》が起草し、山県有朋《やまがたありとも》や井上毅《こわし》の修正を受けてつくられたものだった。

軍人勅諭の前文は、「我国の軍隊は世々《よよ》天皇の統率し給う所にぞある。昔神武《じんむ》天皇躬《み》ずから大伴物部《おおとももののべ》の兵《つわもの》どもを率い……」と書き出されていて、ここには、もともと軍事大権は天皇個人に属するものであって、それが永く武家政権に奪われていたが、明治維新ののち再び天皇の手に帰すことになったという歴史認識がこめられているのである。勅諭はさらに、「夫《それ》兵馬の大権は朕《ちん》が統《す》ぶるところ……朕は汝《なんじら》等軍人の大元帥なるぞ……汝等は朕を頭首と仰ぎてぞ……」と続く。

しかし、これは正式の法ではなかった。軍人勅諭の思想が法として成立するのは、明治二十二年発布の大日本帝国憲法の第十一条（「天皇ハ陸海軍ヲ統帥ス」）においてであった。

明治憲法によって、天皇は、国家統治の大権と陸海軍統帥の大権の二つを持つことになった。

大元帥の軍服姿の明治天皇

後者の統帥権（軍隊の最高指揮権）については、その後、さまざまの問題と解釈とが生じてくるが、古代神話の時代はさておき、明治天皇はここに初めて、軍人天皇として君臨することになったのである。

幕末・近代

明治天皇が伊藤博文を叱りつけたのは？

いわゆる輔弼《ほひつ》の臣の中にあって、伊藤博文ほどに明治天皇から信頼の厚かった人物はないといわれる。伊藤の絶対的な忠誠心と、磊落《らいらく》な性格とが、大いにあずかって力あったのだろう。その伊藤が、天皇の激しい怒りを買ったというエピソードが残されている。ただし、伊藤が天皇の面前で直接に叱られたわけではないのだが……。

明治二十一年（一八八八）五月八日、枢密院《すうみついん》の開院式が行われ、議長の伊藤はじめ枢密顧問官と閣僚に対して勅語が下された。話はその前日のことになる。

伊藤のつくった開院式勅語の草案が、土方久元《ひじかたひさもと》宮内大臣を通して天皇のもとに届けられた。天皇はこれを見て、「このような大切なものを、式の前日になってにわかに持ってくるとは何事か、伊藤の誠実を疑う」と、怒りの語気も荒々しかった。さらに、「開院式に自分は臨まない、草案は伊藤に返すように」と言うほどだった。

土方は、「開院式に勅語が欠けては、枢密院設置の意義がなくなる。もし草案に不備な点があるならば、伊藤を呼んで書き改めさせてはどうか」と述べた。

これが天皇の怒りをなお煽り、ついに天皇は草案を机上に激しく叩きつけるほどであった。

やむなく土方は退去したが、その夜、侍従長を通して彼に天皇からの伝言があり、先刻の件は取り消したいということだった。翌日、式は滞《とどこお》りなく終了し、のちに伊藤は天皇に謝罪したというのである。

天皇と伊藤との関係はさておき、この挿話は何を語ろうとしているのか。その怒りの正当性と、にもかかわらずの心の寛容さというレヴェルでの読み方に留まるのならば、それは単に明治天皇伝説を増幅させるだけにすぎないであろう。天皇が一個の主体として、強固な意志表示体として国政に関わり、明治国家の完成に参画していったという点が肝要なのである。

伊藤博文

枢密院は当初、大日本帝国憲法草案の審議機関として創設されたのであった。

幕末・近代

明治天皇が「大帝」と称されたのは？

明治天皇は、その死後、「明治大帝」と呼ばれることがあった。天皇の呼称として、本来、「大帝」という言葉はない。これは英語でいう the《ザ》 Great《グレート》 に当たる。たとえば、アレキサンダー大王は Alexander the Great、ピョートル大帝は Peter the Great である。明治大帝の場合は、Meiji the Great とか、the Great Emperor Meiji とかのようになる。

明治四十五年（一九一二）、天皇の逝去まもなく、世界各国の新聞紙上にたくさんの追悼記事が現れた。これらの記事は、『世界に於ける明治天皇』（望月小太郎訳編、英文通信社刊、大正二年）と題して集成、翻訳出版されている。そこでは、故人の業績が過褒なほどに高く評価されている。外交辞令なのだから、悪口にならないのは当然として、こうした評価が生まれたゆえんは、東アジアの一小国日本が、僅々半世紀足らずの間に近代化を達成し、欧米列強に対する位置を獲得したことに対する驚嘆があったからだ。

すでに右の記事の中でも、明治天皇とピョートル大帝とが比較されたりしているが、木村毅《きむらき》『明治天皇』(至文堂刊、昭和三十一年)に拠ると、このように東西古今の皇帝や国王と明治天皇とを比較する試みは、当時、いろいろとあったらしい(三《み》宅雪嶺《やけせつれい》「明治大帝とウィルヘルム一世」など)。雑誌『文章世界』に「(明治天皇は)後世必ず the Great と呼ばれるに違いない」とある無署名記事は、おそらく田山花袋《たやまかたい》の執筆だろうとする木村の指摘もおもしろい。

このような内外の論調の中で、明治天皇を(ひいては日本国家を)世界史上に位置づけたいという欲求が「明治大帝」という呼称を生み出し、一般に普及させていったのだと考えられる。この呼称の最初の使用例が、どのあたりに求められるのか知りたかったのだが、筆者の力では調べがつかなかった。「大帝」と称されるためには、国内的には絶対の統治者であり、対外的には果敢な領土征服者であることが資格となるのだとしたら、さて、「明治大帝」は、まさにその名にふさわしかったとすべきか。

「宮中某重大事件」が起きたのは？

皇太子迪宮《みちのみや》裕仁《ひろひと》親王（昭和天皇）と久邇宮《くにのみや》良子《ながこ》（香淳皇后）との間に婚約が成立したのは大正八年（一九一九）六月であった。その翌年、いわゆる「宮中某重大事件」が起こる。学習院の嘱託医が、良子の母・俱子《ちかこ》の実家である島津家に色盲の遺伝があることを発見し、これを知った元老の山県有朋が、この婚約に反対する運動に乗り出したのである。

山県は他の元老たちにも相談をして、久邇宮家のほうから婚約を辞退するよう同家に申し入れることにした。しかし、同家は首を縦に振らなかった。その後、山県など婚約反対派と久邇宮家擁護派との対立がエスカレートし、怪文書が飛ばされるなど、事態は紛糾に紛糾を重ねる。やがて、このことをめぐる噂が巷間にも広がり始めるが、報道機関が事件について触れることを政府は許さなかった。

すでに学習院女子部を中退していた良子は、皇后学の一環として国粋主義学者の杉浦重剛《じゅうごう》から倫理科の進講を受けていた。杉浦は久邇宮家支持の立場から政界に働きかけ、民間右翼の巨頭、玄洋社《げんようしゃ》の頭山満《とうやまみつる》の協力を取りつけることもした。杉浦の論理とは、「いったん決定した事柄を破棄するのであれば、皇室の尊厳が失われる」といったものであった。また、久邇宮家や島津家は、元老で薩摩藩出身の松方正義《まつかたまさよし》を味方に引き入れるなど、政界や皇族の間に自派の同情者を多く持つことができた。

首相の原敬《はらたかし》は婚約に反対であったが、この混乱した事態をどう収拾すべきか、良策を見出せないでいた。山県や原の暗殺をほのめかす右翼の動きも見られた。結局、大正十年二月、「御決定は何等《なんら》変更あらせられず」という宮内省の発表によって、ことは一件落着となるのである。

久邇宮良子妃(香淳皇后)

この婚約問題が異常に複雑化したのは、その背後に長州系と薩摩系の対立意識が絡んでいたからである。絶大な権力者であった長州閥ボスの山県は、それゆえに一般からの反感も集中し、深い孤立感とともにこの事件から身を引かざるを得なかった。

二・二六事件で昭和天皇が反乱軍将校に激怒したのは？

皇道派青年将校たちが、昭和維新の断行を期してクーデターに決起したのは、昭和十一年（一九三六）二月二十六日未明のことであった。彼らに率いられる諸部隊は、夜来の雪を蹴ってそれぞれの襲撃目標に向かった。この襲撃によって、斎藤実《まこと》内大臣、高橋是清《これきよ》大蔵大臣、渡辺錠太郎《じょうたろう》陸軍教育総監などが即死し、鈴木貫太郎《かんたろう》侍従長が重傷を負った。また、岡田啓介首相、後藤文夫内相、牧野伸顕《のぶあき》元内大臣なども襲撃対象とされたが、運よく大事に至らなかった。

天皇裕仁は、事件の報《しら》せを受けて激怒した。この日、天皇は本庄繁侍従武官長を二、三十分ごとに呼びつけ、事件のなりゆきを報告させ、決起部隊を早く鎮圧するよう督促した。翌日、本庄が青年将校の精神は君国を思うところから出たものだと弁護すると、天皇は、「朕《ちん》が股肱《ここう》の老臣を殺戮す、かくのごとき凶暴の将校等、その精神においても何の恕《ゆる》すべきものありや」と述べ、また別の折には、「朕が最も信頼せる老臣をことごとく倒すは、真綿《まわた》にて朕が首を締むるに等しき行為なり」とも語った。

　そして、鎮圧がなかなか進捗しないのに焦慮して、「朕自《みずか》ら近衛師団を率い、これが鎮定に当たらん」とまで言い出したのだった。青年将校たちの決起の目的は、君側《くんそく》の奸臣《かんしん》を取り除いて、天皇親裁の国家改造を待つことであった。ところが、彼らが考えた「君側の奸臣」とは、天皇にとっては「最も信頼せる股肱の臣」であった。両者のこのすれ違いは大きかった。彼らの真意は天皇に通じていなかったのだ。天皇の怒りは、彼らにとって、彼らに対する裏切りにほかならなかった。

　股肱の臣を失ったことの怒りは、「朕」の個人的感情の問題にしかすぎない。しかし一方、軍の秩序が乱されたこと（統帥権干犯）への怒りもあり、これは統治者としての「朕」の公的な問題であった。二重の怒りは最後まで貫徹され、青年将校たちを銃口の前に送ることになった。

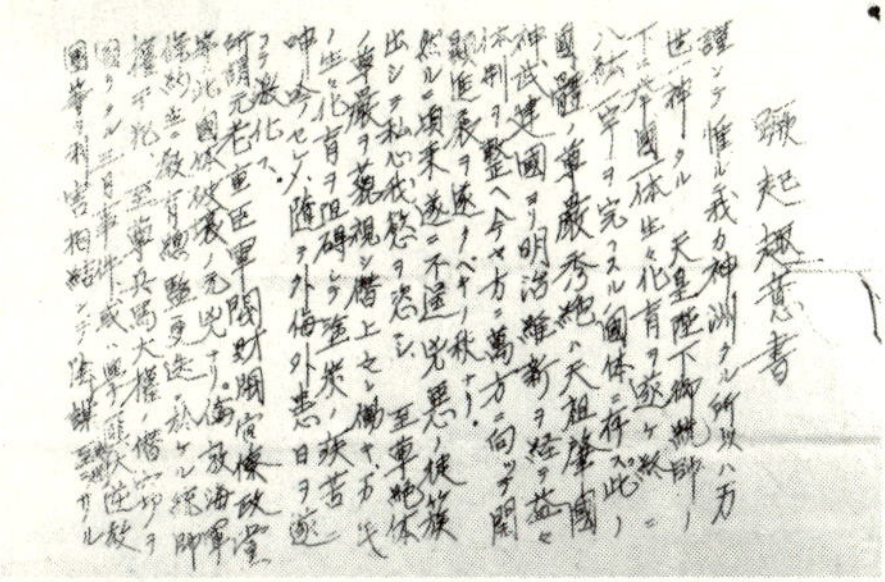
蹶起趣意書
謹ンデ惟ルニ我カ神洲タル所以ハ万
世一神タル天皇陛下御統帥ノ
下ニ挙国一体生々化育ヲ遂ゲ終ニ
八紘一宇ヲ完フスルノ国体ニ存ス此ノ
国体ノ尊厳秀絶ハ天祖肇国
神武建国ヨリ明治維新ヲ経テ益々
体制ヲ整ヘ今ヤ方ニ万方ニ向ツテ開
顕進展ヲ遂ゲベキノ秋ナリ。
然ルニ頃来遂ニ不逞兇悪ノ徒簇
出シテ私心我慾ヲ恣ニシ至尊絶体
ノ尊厳ヲ藐視シ僭上之レ働キ万民
ノ生々化育ヲ阻碍シテ塗炭ノ痛苦
呻吟セシメ随ツテ外侮外患日ヲ逐
フテ激化ス。
所謂元老重臣軍閥財閥官僚政党
等ハ此ノ国体破壊ノ元兇ナリ。倫敦海軍
條約並ニ教育総監更迭ニ於ケル統帥
権干犯、至尊兵馬大権ノ僭窃ヲ
図リタル三月事件或ハ学匪共匪大逆教
団等利害相結ンデ陰謀至ラザル

2.26事件の決起趣意書

幕末・近代

昭和天皇が「無条件降伏」を主張したのは？

すでに戦局はカタストロフの様相を見せていた。誰の目にも敗戦は必至であった。にもかかわらず、軍部は本土決戦論に固執していた。昭和二十年（一九四五）七月二十六日、米・英・中の三国は、いわゆるポツダム宣言を発表した。八月六日、広島に原子爆弾が投下された。八日、ソ連の対日宣戦布告。そして九日には長崎に原爆投下。

この九日の午後十一時五十分から翌十日午前二時二十分までにかけて、ポツダム宣言の受諾いかんを議題とする御前会議が開かれたのである。出席者は最高戦争指導会議の六人のメンバー（鈴木貫太郎《かんたろう》首相、東郷茂徳《とうごうしげのり》外相、阿南惟幾《あなみこれちか》陸相、米内光《よないみつ》政《まさ》海相、梅津美治郎《よしじろう》参謀総長、豊田副武《とよだそえむ》軍令部総長）のほか、特に平沼騏一郎《きいちろう》枢密院議長が顔を並べた。

会議は外相案の認否を軸に、受諾派と本土決戦派との二つに割れ、長時間の論議が続いた。外相案とは、「皇室と天皇統治権のみの確保を条件として降伏する」というものであった。結局、最終決定は昭和天皇の判断を待つことになった。ここで天皇の「聖断」が下される。

それは外相案を是とするもので、大意、次のようなものであった。

「本土決戦というけれど、一番大事な九十九里浜の防備もできておらず、決戦師団の武装も九月中旬以後になるという。いつも計画と実行とは伴わない。これでどうして戦争に勝つことができようか。軍隊の武装解除や戦争責任者の処罰のことを思うと、実に忍びがたいものがある。しかし今日は忍びがたきを忍ばねばならぬと思う……」（『木戸幸一日記』）

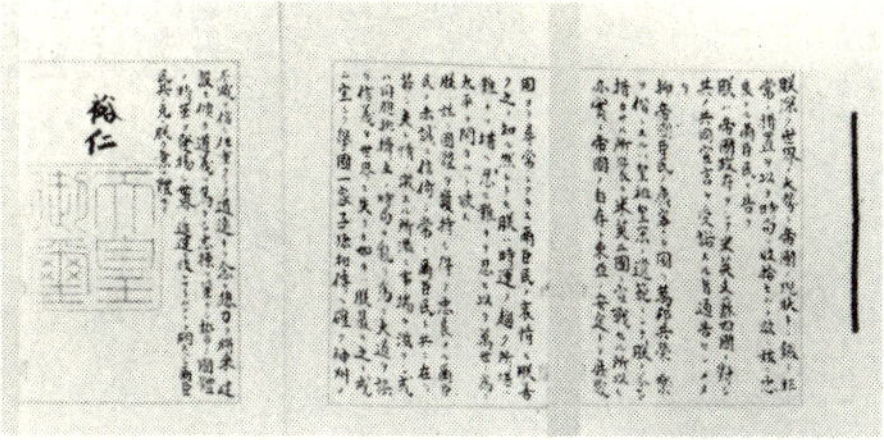
戦争終結の詔書

国体護持を条件に降伏することが決定したわけであるが、その後、これに反対する軍部の動きが活発化したため、八月十四日、最後の御前会議が開かれることになり、さらなる「聖断」によって右の決定が最終確認されることになるのである。連合国側の回答は、「天皇の地位は連合軍司令官の制限のもとに置かれる（subject to）」というものであった。

昭和天皇の「人間宣言」が行われたのは？

昭和天皇の、いわゆる「人間宣言」とは、昭和二十一年（一九四六）元旦に発表された詔書のことをいう。この詔書の中で、天皇の神格否定が表明されている部分を左に引いてみる。

「朕《ちん》ト爾等《なんじ》国民トノ間ノ紐帯《ちゅうたい》ハ……単ナル神話ト伝説トニ依リテ生ゼルモノニ非《あら》ズ。天皇ヲ以テ現《あきつ》御神《みかみ》トシ、且《かつ》日本国民ヲ以テ他ノ民族ニ優越セル民族ニシテ、延《ひい》テ世界ヲ支配スベキ運命ヲ有ストノ架空ナル観念ニ基クモノニ非ズ」

このような内容を眼目とする詔書を出すことを最初に発案したのは、ＧＨＱ民間情報教育局の初代局長Ｋ・ダイク准将だった。ダイクは学習院教授のブライスというイギリス人に相談をし、二人で作成した覚書が幣原《しではら》喜重郎《きじゅうろう》首相の手に渡った。幣原は前田多門文相を呼び、急ぎ詔書の草稿を練るよう依頼した。前田は天皇とも打ち合わせのうえ、自ら詔書を書きあげた——と、以上が、「人間宣言」が生まれるまでの大ざっぱな経過である。詔書には、その成稿プロセスに関わった人間の、それぞれの立場からの思惑が重なっていたといえよう。

GHQのダイクの狙いは、日本国民の天皇神格信仰を天皇自身の言葉によって砕くことで、日本の民主化政策をより円滑に進めたい、というところにあったらしい。

幣原や前田の場合はどうであったか。国の内外に高まる天皇批判、天皇制否定の鉾先を、天皇イメージのクリーン化によって、少しでも和《やわ》らげようと図ったのだった。

終戦の玉音放送を聞く庶民

では、天皇はどうであったか。この詔書の冒頭には、明治天皇の「五箇条の誓文」が置かれている。前田の証言によれば、このことは天皇当人の希望であった。次いで曰く、「朕ハ茲《ここ》ニ誓《ちかい》ヲ新《あらた》ニシテ国運ヲ開カント欲ス」と。つまり、天皇においては、自身の戦争責任や退位の問題など、どこか、よそへ置いての話だったのである。そして国民の多くは、この「人間宣言」に衝撃を受けながらも、これを〝天皇の民主化〟として好意的に迎えたのだった。

新人物文庫

天皇家の常識

2009年6月11日　第1刷発行

監修者　松﨑敏彌
発行者　杉本　惇
発行所　株式会社　新人物往来社
〒101-0054
東京都千代田区神田錦町3-18-3　錦三ビル
電話　営業　03(3292)3931　振替　00130-4-718083
編集　03(3292)3971
URL　http://www.jinbutsu.jp
乱丁・落丁本は、お取替え致します。

組版／スマイル企画　印刷・製本／中央精版印刷　Printed in Japan
ISBN 978-4-404-03714-5　C0121